댕글댕글~
세계의 수도를 읽다

지은이 연경흠

서울대학교 사범대학 부설고등학교, 경기대학교 건축공학과를 졸업한 뒤 건축사로 활동하면서 경기대학교 건축공학과 외래교수로 출강하기도 했습니다. 건축 작품으로는 국립 문화재연구소 청사, 성산동 메조트론 II, 동숭동 YO복합문화시설 등이 있습니다. 서울특별시 표창(2000년), 제26회 서울특별시 건축상 주거부분 본상(2008년)을 수상했으며, 서울특별시 건축안전자문단 위원으로 활동하기도 했습니다.

지은 책으로는 《댕글댕글~ 마천루 올림픽》, 《댕글댕글~ 세계의 다리를 건너다》 등이 있습니다.

댕글댕글~ 세계의 수도를 읽다

초판 3쇄 발행일 2025년 2월 21일
초판 1쇄 발행일 2020년 09월 07일

지은이 연경흠
펴낸이 이원중

펴낸곳 지성사
출판등록일 1993년 12월 9일 **등록번호** 제10-916호
주소 (03458) 서울시 은평구 진흥로 68 2층 북측(녹번동 162-34)
전화 (02) 335-5494 **팩스** (02) 335-5496
홈페이지 www.jisungsa.co.kr **이메일** jisungsa@hanmail.net

ISBN 978-89-7889-449-4 (73980)

잘못된 책은 바꾸어드립니다. 책값은 뒤표지에 있습니다.

⚠ 주의 사항: 책장에 손을 베이지 않게, 책 모서리에 다치지 않게 주의하세요.

댕글댕글~
세계의 수도를 읽다

연경흠 지음

지성사

들어가는 글

　방송 예능 프로그램에서 "어느 나라의 수도는 어디?"라고 한 출연자에게 물은 뒤 틀리면 무식하다고 몰아가며 억지 즐거움을 짜내는 모습을 종종 접합니다. 이 책은 "왜 다른 나라의 수도를 모르는 것이 놀림감이 되지?" "그 나라와 관련된 일을 하거나 공부를 하지 않는다면 꼭 그 나라 수도를 알아야 할 이유는 뭘까?"라는 의문에서 시작되었습니다.

　저의 아이들이 초등학교를 다닐 때 제일 어렵게 생각한 과목 중의 하나가 사회 과목이었습니다. 아이들 입장에서는 교과서에 나왔다는 이유만으로 보거나 듣지도 못한 것들을 달달 외워서 답을 써야 하니 흥미도 없고, 어려웠을 것입니다.

　세계 여러 나라의 수도도 마찬가지입니다. 몰라도 되는 부분을 억지로 외우게 하는 학습이 여전히 진행되고 있지 않은가요? 그래서 저는 억지로 외우는 것이 아니라 그림이나 사진을 통해 어린 독자들이 스스로 깨닫고 이해할 수 있는 책을 기획하게 되었습니다.

　책 한 권에 여러 나라를 다루다 보니 그림과 사진이 아주 제한되어 충분하지는 않지만, 지구상 어디에 있고, 땅덩어리 모양(국토 형태)은 어떤지, 수도는 어디에 자리 잡고 있는지 기본적인 틀에서 수도가 품고 있는 전체 풍경과 그곳의 중요한 건축물을 비롯한 사람들의 모습을 보여 줌으로써 '시각적 인식'이 되도록 구성했습니다.

　이 책에서 얻은 간접 경험을 통해 이미 갔다 온 곳이라면 다시 기억을 되살려서 풍부한 문화적 다양성을 받아들일 수 있기를, 아직 가 보지 못한 나라에 대해서는 직접 방문했을 때 더욱 짜임새 있게 살펴볼 수 있는 계기가 되었으면 합니다.

　이 책은 '댕글댕글~' 시리즈로 기획되었습니다. 댕글댕글이란 '책을 막힘없이 줄줄 잘 읽는 소리 또는 그 모양'을 뜻합니다. 이 시리즈를 접하면서 어린 독자들이 독서하는 즐거움을 경험하기를 바라는 마음의 표현입니다. 또한 무지개 색으로 손에 손을 맞잡은 모습을 표현한 이 시리즈의 마크는 가족과 함께, 학교에서 친구들과 선생님 그리고 다문화 친구(가족)와 같이 본다는 의미도 있습니다. 한마디로, 세대와 편견을 넘어 모두 함께 본다는 뜻이지요.

　'댕글댕글~' 시리즈는 아이답고, 미래 교양인으로서 다양성을 학습할 수 있게 흥미롭고 유익한 소재(초등 교과 과정들과 연결된)들을 다루고자 합니다.

　이 책을 가장 잘 활용하는 방법은 모두가 자유롭게 보고 함께 얘기하는 것입니다. 아빠는 아빠의 느낌대로, 엄마는 엄마의 바람대로, 아이는 아이의 시선으로 보면서 자유롭게 세계의 수도 여행을 떠나는 것입니다. 감사합니다.

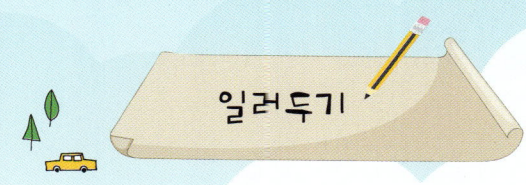

공화국: '법을 기초로 국민이 정치적 의사에 평등하게 참여'(공화)하는 정치를 하는 나라를 가리켜요.

기원전: 먼저 '기원(紀元)'이란 햇수를 세는 기준이 되는 해를 뜻해요. 따라서 기원전(紀元前)이란 햇수를 세는 기준이 되는 해의 이전을, 기원후(紀元後)란 기준이 되는 해의 이후를 가리켜요.
보통 기원후는 '서기(西紀)' 또는 '서력기원'이라고도 하는데 이는 '서양 달력의 기원'이라는 뜻으로, 기독교를 믿는 나라에서는 예수님이 태어난 해를 서기 1년으로 해요. 서양에서 기원전은 BC(Before Christ, 예수 이전), 기원후는 AD(Anno Domini, 주님의 해)로 표기하는 것이 지금까지 이어져 왔어요.
참고로 우리나라에는 단군기원(檀君紀元), 곧 단기가 있어요. 우리나라 최초의 국가 '고조선'을 세운 단군왕검이 즉위한 해인 기원전 2333년을 원년(元年, 처음 시작되는 해)으로 하지요. 대한민국 정부 수립과 함께 이를 사용하다가 1962년부터 공식적으로 서기를 사용하기 시작했어요.
서기를 단기로 바꾸려면 서기 연도에서 2333년을 더하면 되고, 단기를 서기로 바꾸려면 단기 연도에서 2333년을 빼면 되어요.

무슬림: 이슬람을 믿는 사람, 이슬람교도를 뜻해요. 이슬람을 세운 무함마드(예언자라는 뜻)의 계승자를 누구로 보느냐에 따라서 수니파와 시아파로 나뉘어요. 수니파는 대대로 내려오는 칼리파(뒤따르는 자라는 뜻으로 이슬람 국가의 최고 종교 권위자이자 지도자)를 계승자로 여기는 반면, 시아파는 무함마드의 사촌이자 사위인 알리를 계승자로 여기지요.

세기: 백 년을 단위로 하는 기간이에요. 예를 들면 1세기는 서기 1년부터 100년까지, 2세기는 101년부터 200년까지를 나타내지요.

아랍 연맹: 아랍은 페르시아만·인도양·홍해로 둘러싸인 '아라비아(Arabia) 반도'를 가리켜요. 보통 서남아시아·북아프리카 지역에서 아랍어를 사용하는 나라들을 뜻하지요. 아랍 지역에 속하는 나라들이 모여 만든 기구로 이집트, 이라크, 요르단, 사우디아라비아, 시리아 등 모두 22개국으로 이루어졌지요. 하지만 시리아는 내전(한 나라 국민들끼리 편을 갈라 벌이는 전쟁) 중이라 자격이 정지되어 있다고 해요.

제국: 황제가 다스리는 나라로, 경제·군사 분야에서 최고의 권리와 힘으로 다른 나라들을 지배해요.
세계 역사에서 자주 등장하는 로마 제국, 오스만 튀르키에 제국 등을 예로 들 수 있지요.

유네스코 세계유산: 유네스코(UNESCO: United Nations Educational, Scientific and Cultural Organization)는 국제연합 전문 기구예요. 이 기구에서 인류가 반드시 보존해야 할 세계의 유산을 선정하여 특별하게 관리하고 있지요. 세계유산은 크게 문화유산, 자연유산, 복합유산, 무형유산, 기록유산으로 나뉘어요. 문화유산에는 동굴·건축물·조각·그림, 자연유산은 과학적이거나 미적으로 중요한 가치를 지니고 있어 보존해야 할 가치가 높은 동식물의 서식지, 복합유산은 문화유산과 자연유산의 특징을 함께 지닌 유산, 무형유산은 인간의 창조적 재능이 담겨 있는 유산을 가리키지요.

☞ 각 나라 이름과 수도 이름은 영어와 함께 표기했습니다. 우리에게 이미 익숙한 한자음을 빌려 표기한 나라는 공식 이름을 함께 덧붙였습니다. 예를 들면, 독일·미국·영국 등의 나라이지요. 수도 이름은 영어권의 표기도 함께 실었습니다. 또 본문에 나오는 주요 낱말은 영어 표기와 함께 〈찾아보기〉에 정리했습니다.

☞ 이 책에 나오는 외국어 또는 외래어 표기는 주로 국립국어원의 외래어 표기법에 따랐습니다.

차례

- 들어가는 글 • 04
- 일러두기 • 05

1. 아프리카

- 가나_아크라 • 10
- 가봉_리브르빌 • 14
- 남아프리카공화국_프리토리아 • 18
- 리비아_트리폴리 • 22
- 이집트_카이로 • 26
- 카메룬_야운데 • 30
- 케냐_나이로비 • 34
- 튀니지_튀니스 • 38

2. 유럽

- 네덜란드_암스테르담 • 44
- 노르웨이_오슬로 • 48
- 덴마크_코펜하겐 • 52
- 독일_베를린 • 56
- 러시아_모스크바 • 60
- 루마니아_부쿠레슈티 • 64
- 룩셈부르크_룩셈부르크 • 68
- 벨기에_브뤼셀 • 72
- 불가리아_소피아 • 76
- 스위스_베른 • 80
- 스페인_마드리드 • 84
- 슬로바키아_브라티슬라바 • 88
- 영국_런던 • 92
- 오스트리아_빈 • 96
- 이탈리아_로마 • 100
- 체코_프라하 • 104
- 크로아티아_자그레브 • 108
- 포르투갈_리스본 • 112
- 폴란드_바르샤바 • 116
- 프랑스_파리 • 120
- 핀란드_헬싱키 • 124
- 헝가리_부다페스트 • 128

3. 중동

- 레바논_베이루트 • 134
- 사우디아라비아_리야드 • 138
- 시리아_다마스쿠스 • 142
- 아랍에미리트 연방_아부다비 • 146
- 요르단_암만 • 150
- 이라크_바그다드 • 154
- 이란_테헤란 • 158
- 이스라엘_예루살렘 • 162
- 쿠웨이트_쿠웨이트시티 • 166
- 튀르키예_앙카라 • 170

4. 아시아

- 네팔 _ 카트만두 • 176
- 대한민국 _ 서울 • 180
- 조선민주주의인민공화국 _ 평양 • 184
- 라오스 _ 비엔티안 • 188
- 말레이시아 _ 쿠알라룸푸르 • 192
- 몰디브 _ 말레 • 196
- 몽골 _ 울란바토르 • 200
- 미얀마 _ 네피도 • 204
- 방글라데시 _ 다카 • 208
- 베트남 _ 하노이 • 212
- 브루나이 _ 반다르스리브가완 • 216
- 스리랑카 _ 스리자야와르데네푸라코테 • 220
- 싱가포르 _ 싱가포르 • 224
- 인도 _ 뉴델리 • 228
- 인도네시아 _ 자카르타 • 232
- 일본 _ 도쿄 • 236
- 중국 _ 베이징 • 240
- 타이완 _ 타이베이 • 244
- 캄보디아 _ 프놈펜 • 248
- 태국 _ 방콕 • 252
- 파키스탄 _ 이슬라마바드 • 256
- 필리핀 _ 마닐라 • 260

5. 오세아니아

- 뉴질랜드 _ 웰링턴 • 266
- 호주 _ 캔버라 • 270

6. 북아메리카

- 멕시코 _ 멕시코시티 • 276
- 미국 _ 워싱턴 D.C. • 280
- 캐나다 _ 오타와 • 284

7. 남아메리카

- 니카라과 _ 마나과 • 290
- 볼리비아 _ 라파스 • 294
- 브라질 _ 브라질리아 • 298
- 아르헨티나 _ 부에노스아이레스 • 302
- 우루과이 _ 몬테비데오 • 306
- 칠레 _ 산티아고 • 310
- 콜롬비아 _ 보고타 • 314
- 쿠바 _ 아바나 • 318
- 파라과이 _ 아순시온 • 322
- 페루 _ 리마 • 326

■ 찾아보기 • 330

1.

아프리카
AFRICA

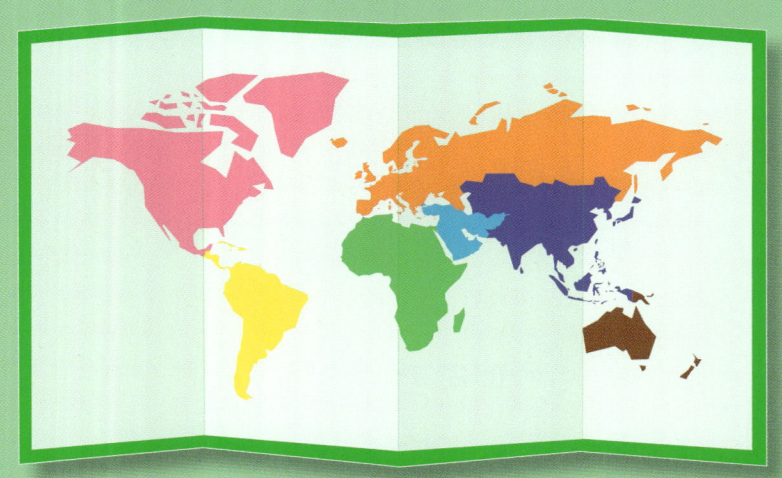

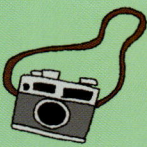

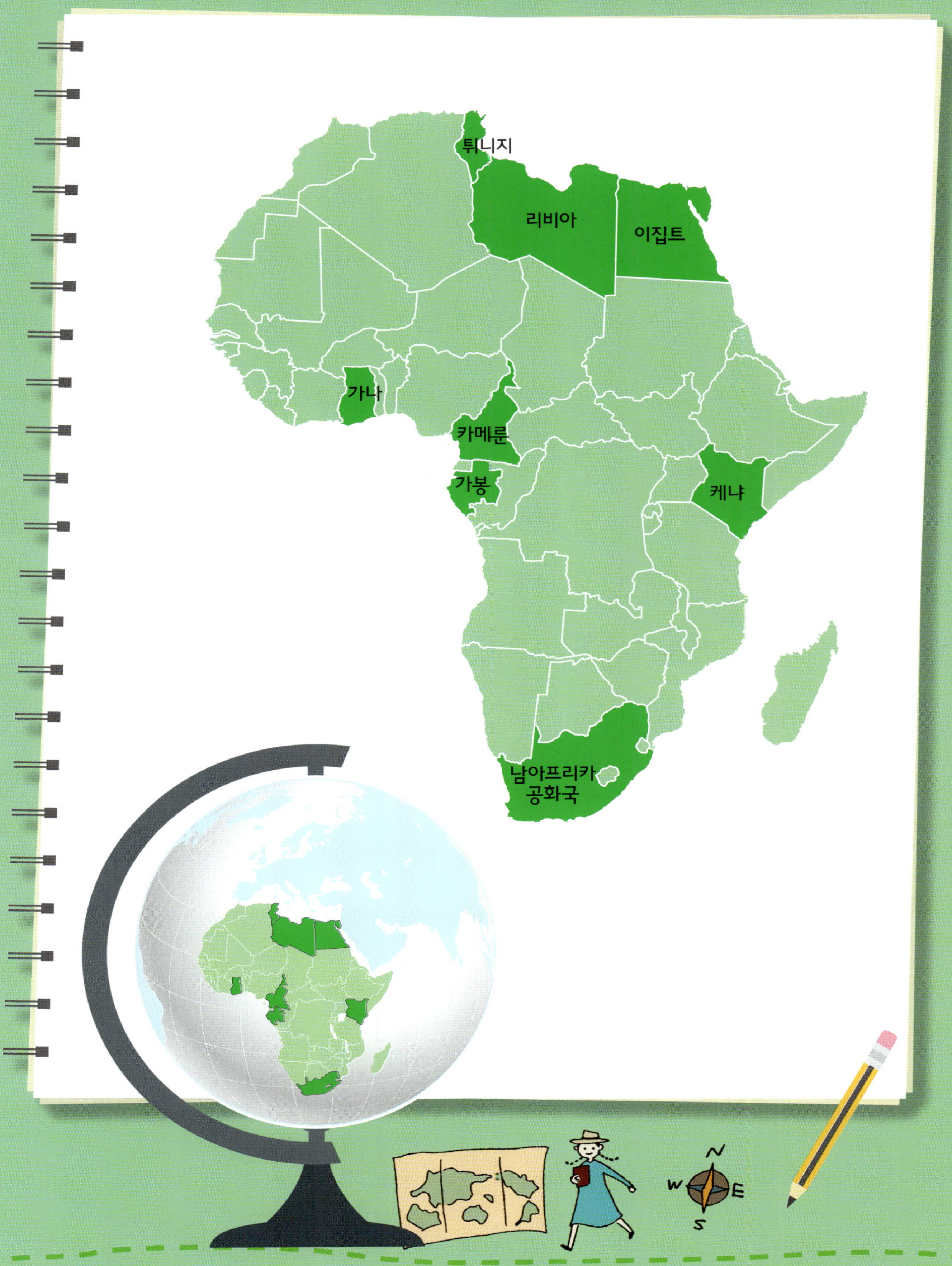
튀니지
리비아
이집트
가나
카메룬
가봉
케냐
남아프리카
공화국

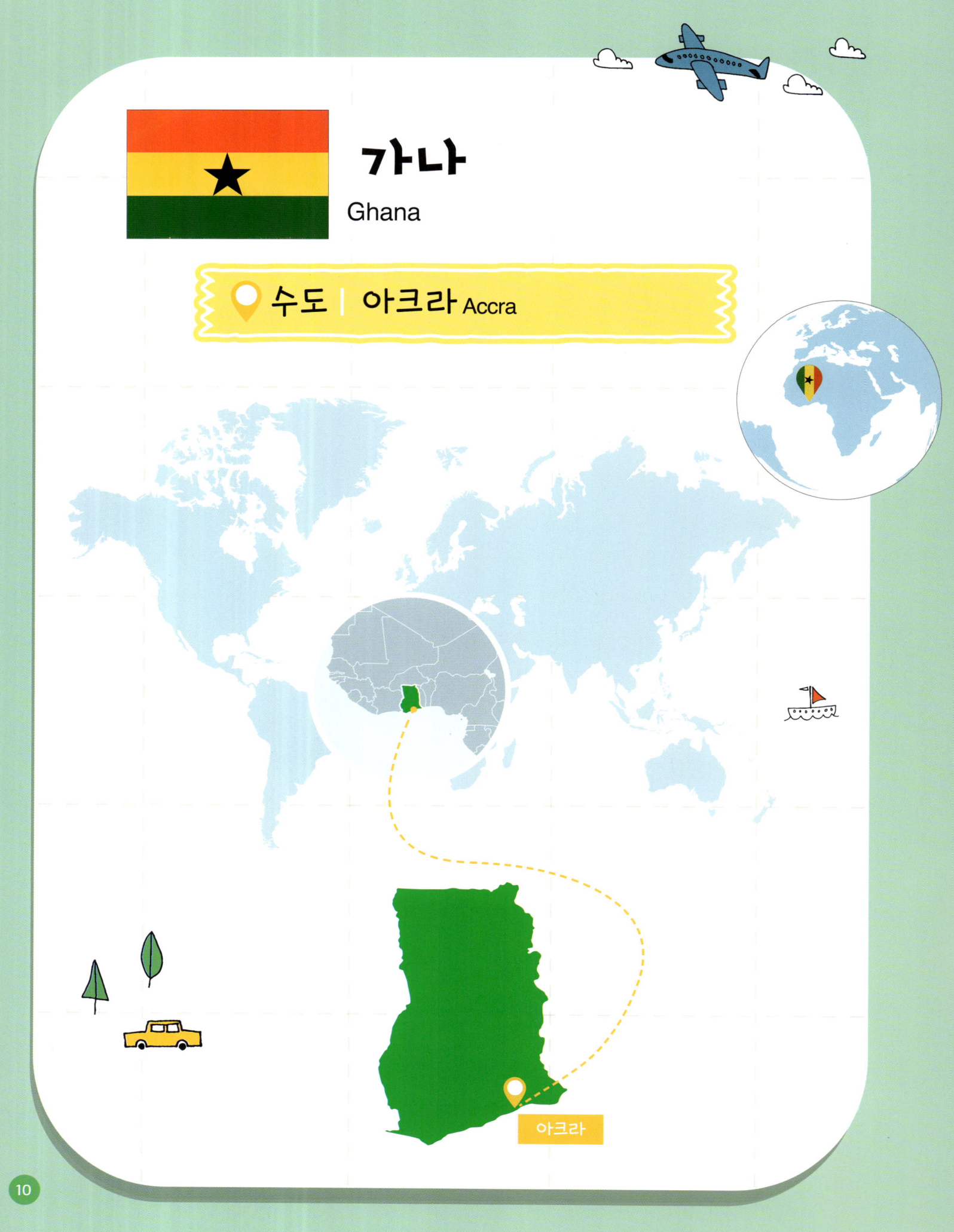

서아프리카의 정치·경제·문화의 중심지로 발전한 도시이지요.
저 멀리 기니만이 보여요.

기니만 연안에 있으며, 도시의 일부는 높이 8~12미터 절벽 위에 자리 잡고 있습니다. 1600년대 후반, 원주민들이 이곳에 도시를 세워 포르투갈 상인들과의 무역 중심지로 삼은 뒤로 스웨덴, 네덜란드, 프랑스, 덴마크, 영국이 이곳에 요새를 세웠습니다. 1877년 영국과 이곳 원주민들이 벌인 두 차례 전쟁 끝에 영국의 식민지가 되었습니다. 영국은 이곳을 1877~1957년까지 '골드 코스트(해변을 따라 널려 있는 수많은 금 알갱이들을 포르투갈 사람들이 캐내 가면서 유럽 사람들에게 알려지기 시작함. 황금 해안이라는 뜻)'의 수도로 삼았습니다.

1908년 가나의 카카오(초콜릿의 원료) 생산지인 쿠마시에서 항구인 이곳까지(약 200킬로미터) 철도를 건설하기 시작해 1923년에 완성되었습니다. 1957년 영국에서 독립한 뒤 수도가 되었습니다. 도시 이름은 이 지역에서 많이 사는 '검은 개미'를 뜻하는 아칸어인 은크란(Nkran)에서 비롯되었습니다.

🇬🇭 검은 별 광장의 독립문: 1957년 3월 6일 독립을 기념하여 세웠어요. 검은 별은 가나를 상징하는 뜻이기도 하고, 아프리카의 자유와 통일을 뜻한대요.

🇬🇭 어촌 제임스타운 항구에 모여 있는 어선들

초대 대통령 콰메 은크루마 기념 공원 🇬🇭

트로트로(좌석이 12~14개인 이곳 사람들이 즐겨 이용하는 미니버스) 정류장 🇬🇭

가봉
Gabon

📍 **수도** | 리브르빌 Libreville

리브르빌

리브르빌 해변 너머로 해가 지고 있어요.

 항구가 내려다보이는 구릉(해발 200~600미터의 완만한 높낮이를 이루는 지형)에 자리 잡고 있습니다. 오래전부터 원주민 음퐁웨족이 살고 있던 이곳을 1389년 프랑스 정복대가 점령했습니다. 1846년 콩고에서 노예를 싣고 가던 브라질 노예선이 프랑스 해군에 붙잡혔고, 그 배에 있던 52명의 노예들이 이곳에 정착한 뒤로 1849년 '리브르빌(자유의 도시)'이란 이름을 붙였습니다.

1934~1956년까지 프랑스령 아프리카의 주요 항구였고, 1960년 가봉이 독립하면서 무역 기지와 행정 중심지로 발전했습니다. 가봉 인구의 절반에 가까운 사람들이 살고 있으며, 교육 중심지이기도 합니다.

▍붐비는 거리에서 여학생들이 잠시 멈춰 수다를 떨고 있네요.

▍기니만 근처의 코모강에 있는 항구 도시이자 수도로, 1960년 이후 빠르게 발전하여 지금은 가봉 전체 인구의 거의 절반에 가까운 사람들이 살고 있다고 해요.

스페인-가봉의 국제 협력 계획에 따라 학생들이 스페인어를 배우기도 해요.

 # 남아프리카공화국
Republic of South Africa

수도 | 프리토리아 Pretoria

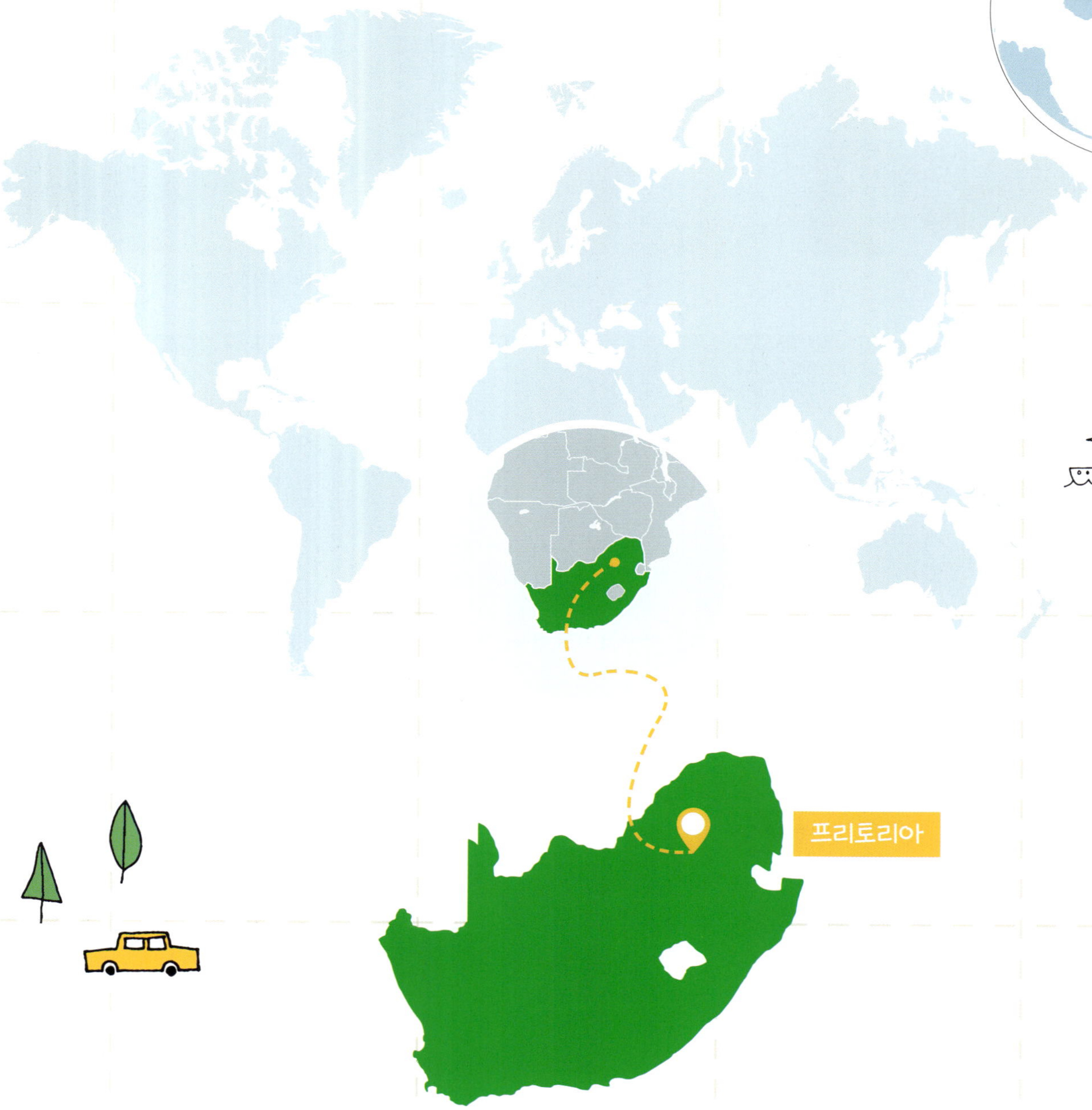

앞에 보이는 건물은 넬슨 만델라 전 대통령이 공부한 남아프리카 대학교(Unisa)예요.

해발 1,339미터 지역에 자리 잡고 있습니다. 보어인(아프리카에 정착한 네덜란드계 사람과 그 후손)의 지도자 마르티누스 프레토리우스가 1855년 도시를 세우면서 그의 아버지(안드리스 프레토리우스)를 기념하여 붙인 이름으로 1860년에 수도가 되었습니다.

남아프리카 전쟁으로 영국에 점령되었지만 1910년 독립한 이후 1931년 행정 수도로 발전했습니다. 남아프리카공화국에는 행정 수도인 프리토리아를 비롯해 입법 수도인 케이프타운, 사법 수도인 블룸폰테인이 있습니다. 거리와 공원에 수천 그루의 자카란다 나무가 심어져 있어 '자카란다 도시'라고도 합니다. 남반구에 있어 우리나라와는 사계절이 반대입니다.

9~11월(봄)에 꽃망울을 터뜨려 도시를 온통 보랏빛으로 물들이는 자카란다 가로수 길이에요.

정부 청사와 대통령 집무실이 있는 유니언 빌딩(왼쪽)과 넬슨 만델라 공원(오른쪽)이에요.

보름달과 어우러진 시내 중심가의 높은 건물들

넬슨 만델라 동상: 만델라는 1994년 4월 27일, 남아프리카공화국 최초로 모든 인종이 참여한 총선거에서 대통령으로 당선된 흑인 인권 운동가이지요.

리비아
Libya

📍 **수도** | 트리폴리 Tripoli

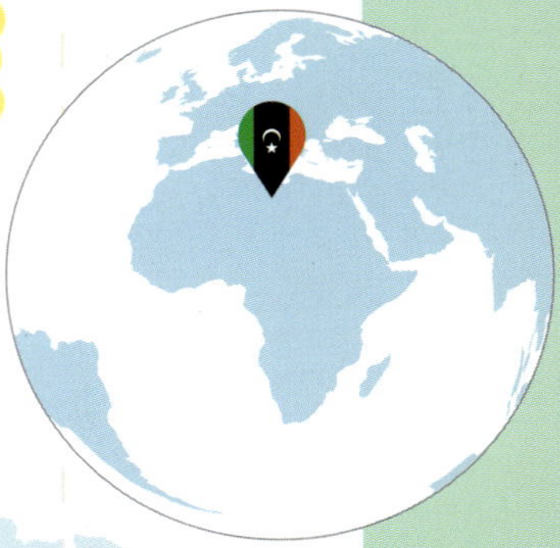

리비아에서 가장 큰 항구 도시이며, 행정·상업·교통의 중심지이지요.

리비아 북서부 해안에 접한 항구 도시로, 지중해가 내려다보이는 오아시스의 암벽 돌출부에 자리 잡고 있습니다. 30킬로미터 떨어진 내륙은 사막 지대입니다. 도시는 이슬람 문화의 옛 시가지와 이탈리아 문화의 현대적인 새 시가지로 나뉩니다.

도시 이름은 기원전 7세기 카르타고 제국이 이곳의 세 도시를 점령하여 식민 도시를 건설할 때 그리스어로 '세 개의 도시'를 뜻하는 '트리폴리스(Tripolis)'에서 비롯되었습니다. 7세기 이후에는 아랍 제국과 오스만 제국의 지배를 받았고, 1911년 이탈리아 식민지어 서 1951년에 독립한 리비아 연합왕국의 수도가 되었습니다. 레바논에 있는 트리폴리와 구별해서 '서트리폴리'라고도 합니다.

렙티스 마그나: 고대 로마 시대의 항구였던 마그나는 '위대한'이라는 뜻이래요. 이슬람 군의 공격으로 파괴된 후 모래에 파묻혔다고 해요. 고고학 유적지로 1982년 유네스코 세계유산에 등록되었지요.

앞에 지중해가 펼쳐진 트리폴리의 새벽이에요.
질푸른 지중해와 하얀색 건물이 잘 어우러져 '지중해의 인어' 또는 '지중해의 하얀 신부'라고도 불리지요.

레드 사라이: '붉은 궁전'이라는 뜻이에요. 이곳을 점령했던 이탈리아가 이곳의 수많은 유물을 보관하기 위해 성의 일부를 박물관으로 고쳤지요. 지금은 성 전체가 박물관이에요.

이집트
Egypt

수도 | 카이로 Cairo

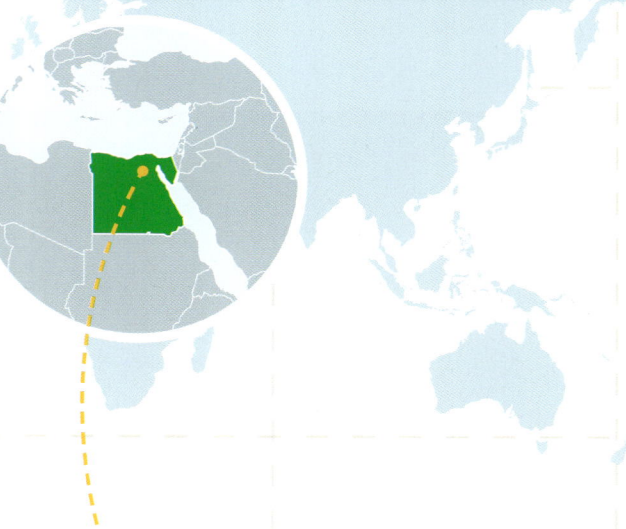

카이로

알 아즈하르 사원 풍경: '찬란한'이라는 뜻을 지닌 이슬람 사원이에요.
972년에 지었다고 하지요. 저 너머로 피라미드들이 보여요.

나일강 물줄기가 여러 갈래로 갈라지기 시작하는 지점에 있습니다. 아프리카 대륙과 중동 지역에서 가장 큰 도시로, 예부터 정치·군사·무역·학술·문화의 중심지였습니다. 969년 파티마 왕조 당시 조하르 장군이 이곳에 새로운 수도를 세우면서 아랍어로 '알 카히라(승리라는 뜻)'라고 이름 지었습니다. 도시 이름은 여기에서 비롯되었습니다.

여러 왕조의 지배를 받다가 1798~1801년 프랑스 식민지 시대에 도시가 확장되었습니다. 프랑스가 물러나고 영국과 튀르키예 연합군의 지배를 받다가 영국군이 이 도시를 1946년까지 통치했습니다. 도시 한가운데로 나일강이 흐르고, 아랍 연맹의 본부가 있습니다.

▎1382년에 문을 연 세계에서 가장 오래된 시장 칸 알 칼릴리의 램프 가게이지요.
　이곳에서 금과 은으로 만든 온갖 물건, 옷, 가방, 가죽, 향수, 수공예품을 구할 수 있어요.

▎해질녘 카이로 타워에서 바라본 나일강과 호텔 건물들

알 무이즈 거리의 밤 풍경: 10세기에 꾸며진 카이르에서 가장 오래된 거리예요.

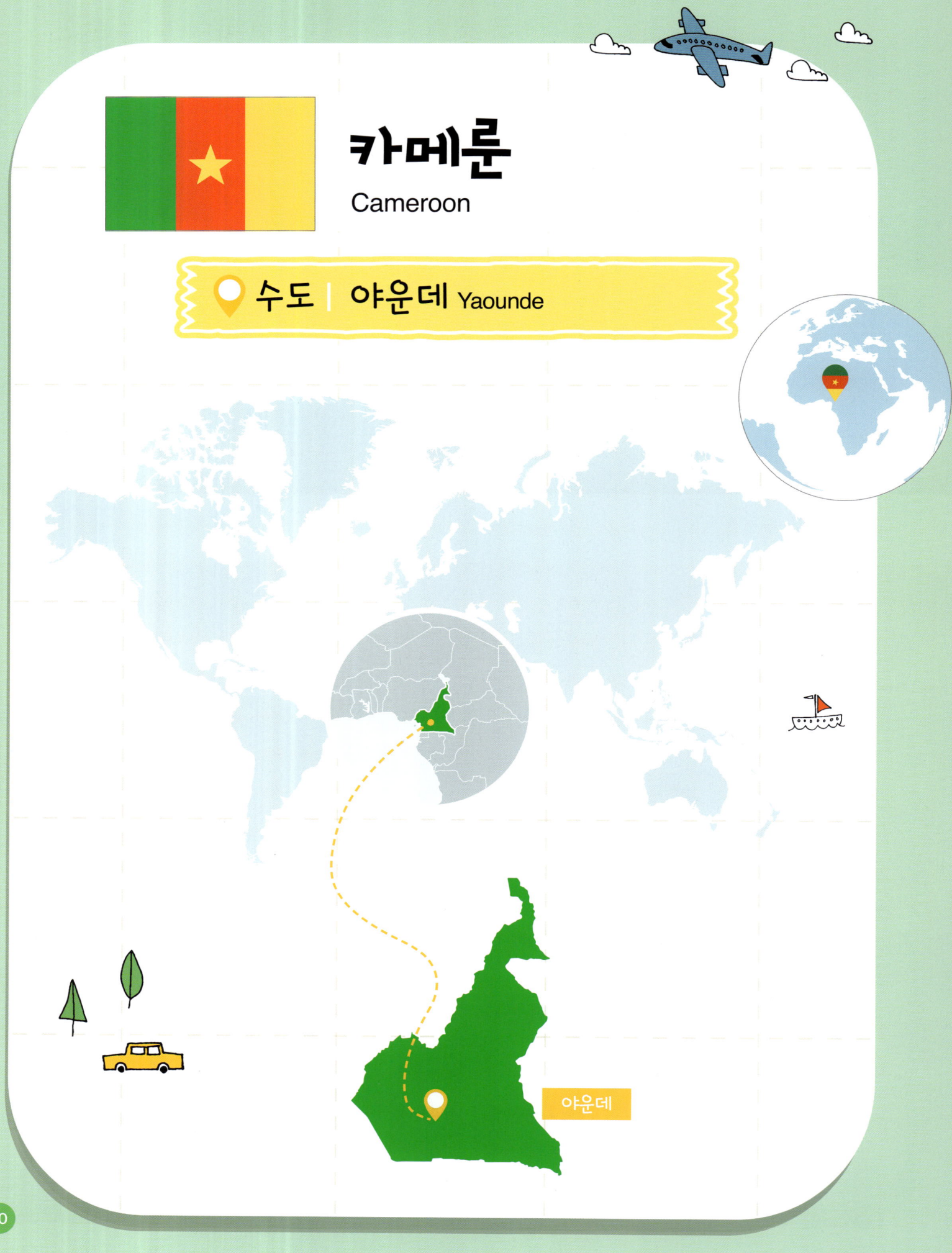

통일 기념물: 영국과 프랑스의 점령에서 벗어나 카메룬 연방 공화국 탄생을 기념하는 조형물이에요.

카메룬 중남부 니옹강과 사나가강 사이 해발 730미터 고원(해발 600미터 이상에 펼쳐진 너른 들판)에 자리 잡고 있습니다. 도시 주변은 열대 정글이 둘러싸고 있습니다. 19세기 말 독일의 식민지였던 이곳에 독일에서 온 상인들과 연구원들이 상아(코끼리의 엄니) 무역을 위해 사무소를 세운 것이 도시의 시작입니다. 이곳은 곧 상아 무역지로 발전했습니다.

제1차 세계대전에서 독일이 전쟁에 패하자 당시 수도였던 두알라는 프랑스가, 이곳은 영국이 지배했습니다. 이후 1961년 두 지역을 통합하여 카메룬 연방 공화국이 탄생했고, 수도가 되었습니다. 도시 이름은 오랫동안 이 지역에 살았던 원주민 '에원도(Ewondo)'에서 비롯되었다고 합니다.

🇨🇲 중앙우체국 주변으로 교차로가 있어 늘 사람들과 택시들로 북적거리지요.

🇨🇲 적도 근처에 있지만 고원에 자리 잡고 있어 기온이 30도가 넘어도 그렇게 덥지 않다고 해요.

길모퉁이에서 나무로 만든 온갖 장식품을 팔고 있어요.

케냐
Kenya

수도 | 나이로비 Nairobi

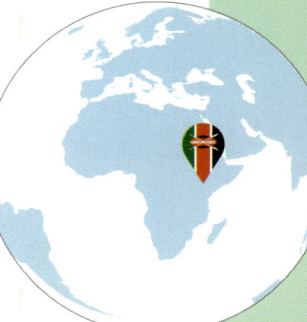

나이로비

케냐 국회 의사당(앞쪽) 뒤편으로 우후루 공원이 펼쳐져 있어요.

동아프리카에서 가장 큰 도시이며, 이 지역에서 가장 높은 곳(해발 1700미터)에 자리 잡고 있습니다. 동아프리카를 식민지로 삼았던 영국인들이 인도양 연안에 있는 케냐 남동부의 섬 몸바사에서 우간다의 빅토리아 호수 북쪽 끝 캄팔라까지 철도를 놓으면서 이곳에 중간 기지를 설치했습니다. 1963년 독립과 함께 새로운 공화국의 수도가 되었습니다.

도시에 야생동물 보호지인 나이로비 국립공원이 있어 맹수를 비롯한 야생동물들을 자연 상태에서 직접 관찰할 수 있습니다. 아프리카의 관문(국경을 드나들기 위하여 반드시 거쳐야 하는 길목)입니다. 도시 이름은 '차가운 물'을 뜻하는 마사이족의 언어 '에와소 니이로비(Ewaso Nyirobi)' 또는 '엥카레 나이로비(Enkare Nairobi)'에서 비롯되었다고 합니다.

🇰🇪 우후루 기념 공원: 1963년 영국에서의 독립을 축하하는 기념 공원이에요. 우후루는 '자유'를 뜻하지요. 이곳에 세워진 독립 기념비는 높이 24미터로, 가운데 조각품은 사랑과 평화, 화합을 뜻하며, 오른쪽 여성과 남성이 케냐 국기를 함께 세우는 모습은 '하람비', 곧 '단결'을 뜻하지요.

🇰🇪 나이로비 국립공원: 1946년에 국립공원으로 지정되었어요. 수도 근처에 있어서 많은 사람들이 찾아요.

모이 거리에는 여러 관광 호텔을 비롯해 사무실이 많아 사람들로 붐벼요.

우갈리: 옥수수 빻아서 끓는 물에 넣어 반죽한 음식으로 케냐 사람들이 즐겨 먹지요.

케냐의 대중교통 미니버스

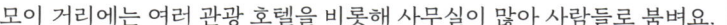

튀니지
Tunisie / Tunisia

수도 | 튀니스 Tunis

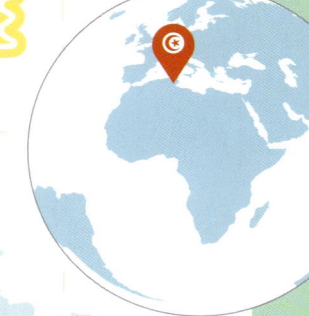
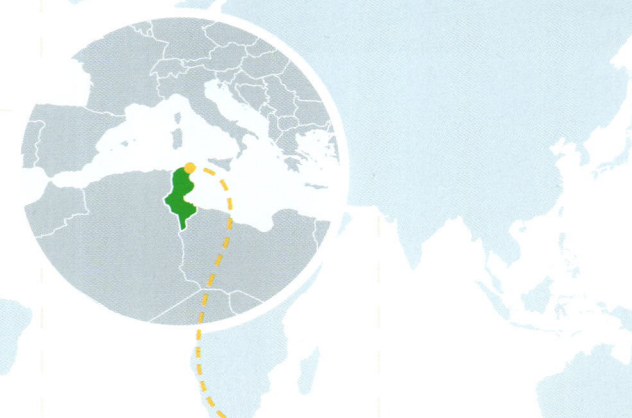

튀니스의 중심가인 하비브 부르기바 거리예요.
튀니지 독립의 아버지 하비브 부르기바의 이름을 붙였지요.

튀니스 호수와 접한 도시로 지중해의 튀니스만에서 라 굴레트 항구까지 운하로 연결되어 있습니다. 해안 평야와 주변 언덕을 따라 뻗어 있습니다. 도시의 이름은 페니키아의 여신 '타니스(Tanith)'의 이름을 따왔다고 합니다. 아주 오래전부터 사람들이 살면서 마을을 이루었지만, 고대 로마인과의 전쟁으로 파괴되기도 했습니다. 로마인들이 통치하면서 로마식의 길과 교회를 비롯해 여러 건축물들이 들어섰습니다.

698년경 아랍 이슬람 군대가 이곳을 정복하면서 이슬람 사원을 비롯해 여러 건축물을 세우면서 도시로 발전하여 수도가 되었습니다. 성벽으로 둘러싸인 옛 시가지 메디나에는 이슬람 사원과 기념비 그리고 전통 시장이 들어서 있습니다. 새 시가지에는 1881년부터 1956년까지 프랑스가 통치하면서 유럽풍의 건물이 많아 '북아프리카의 파리'라고도 합니다.

알 자이투나 사원: '올리브나무'라는 뜻이며, 700년대 초반에 튀니스를 수도로 삼으면서 이를 기념하여 세운 사원이에요. 최고의 교육 기관이기도 하여 천 년 넘게 수많은 무슬림 학자들이 이곳에서 공부했다고 해요.

국가 행사 등이 열리는 카스바 광장과 시청(뒤쪽)

메디나: 이슬람풍의 오랜 역사를 지닌 옛 시가지를 가리켜요..(1979년 유네스코 세계유산에 등록)

경전철: 타는 사람과 운행 거리가 보통 지하철의 절반 정도인 작고 가벼운 전철이에요.. 1985년 처음 운행했대요.

2.
유럽
EUROPE

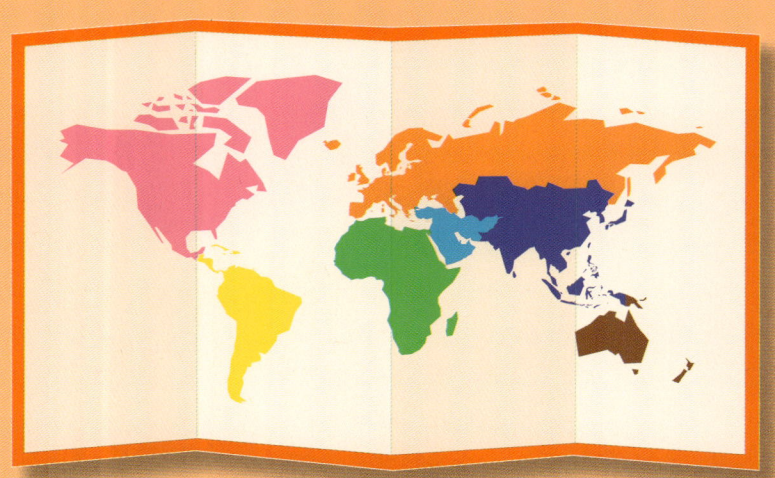

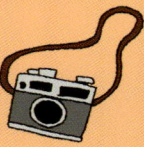

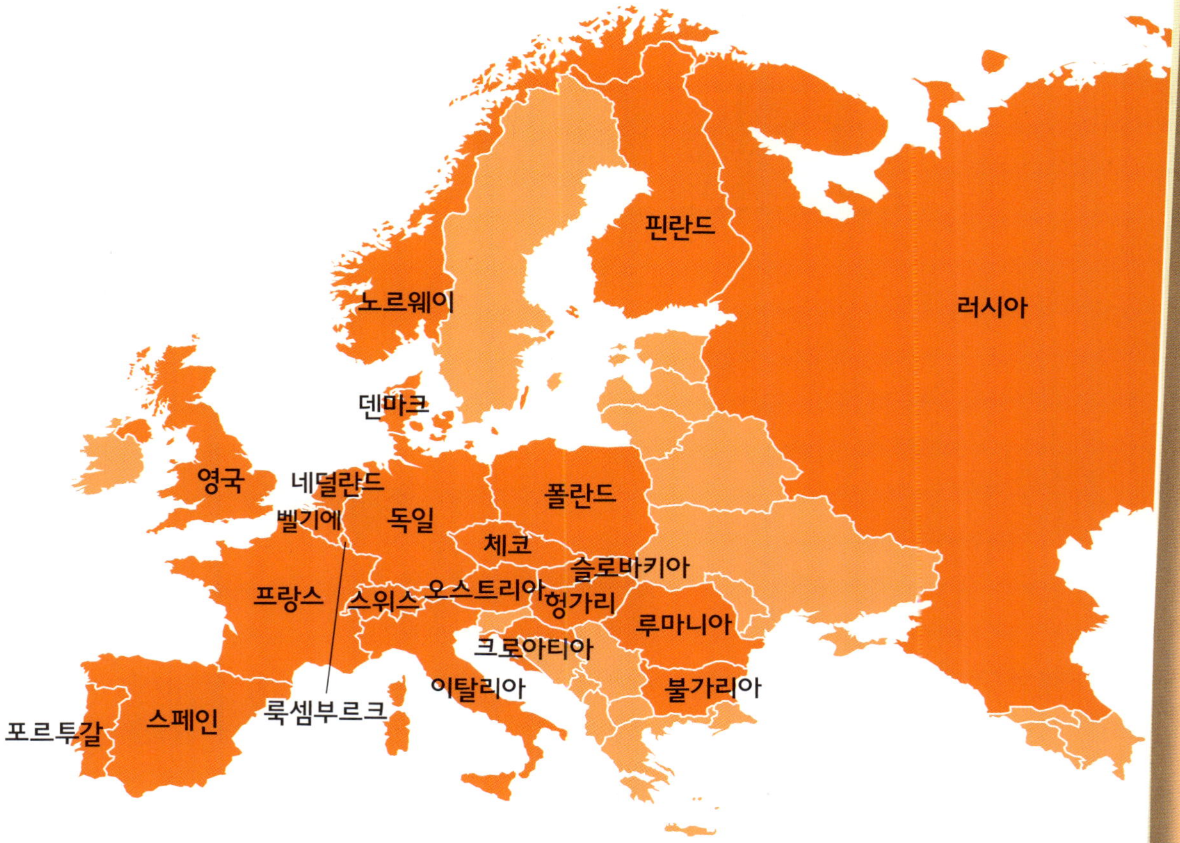

핀란드
노르웨이
러시아
덴마크
영국
네덜란드
벨기에
독일
폴란드
체코
슬로바키아
프랑스
스위스
오스트리아
헝가리
루마니아
크로아티아
이탈리아
불가리아
룩셈부르크
포르투갈
스페인

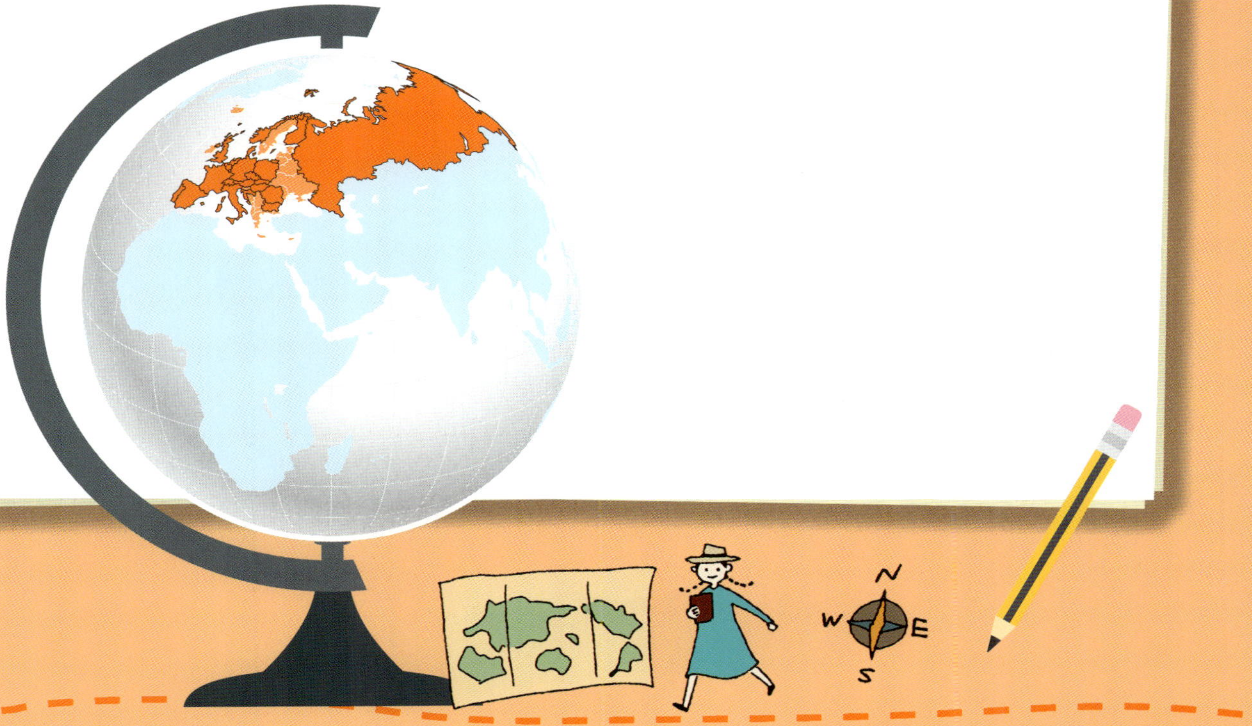

네덜란드
Netherlands

수도 | 암스테르담 Amsterdam

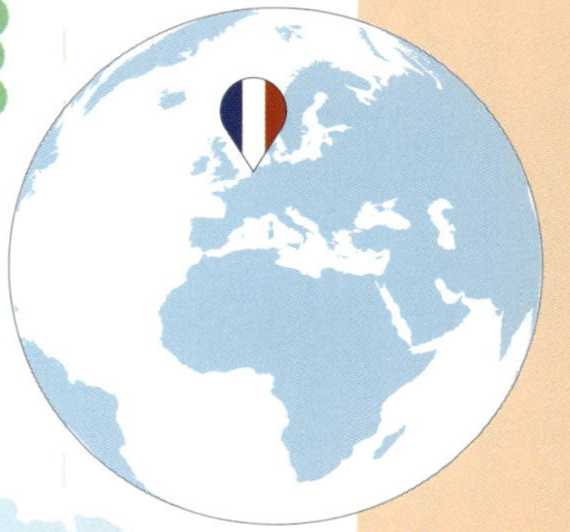

암스테르담

네덜란드 주택의 특징을 잘 간직한 로젠그라흐트 거리로, 이름은 '장미 운하'를 뜻해요.

1,200여 개의 다리로 연결된 90여 개의 섬으로 이루어졌으며, 네덜란드의 공식 수도이지만 정부 청사(행정을 맡아보는 기관)는 헤이그에 있습니다. 암스텔강을 가로지르는 운하를 사이에 두고 두 주요 구역으로 나누어져 있습니다. 12세기에 큰 홍수를 겪은 주민들이 암스텔강 하구에 둑(댐)을 쌓고 다리를 놓은 것이 마을의 시작입니다. 14세기 초 도시가 되었고 17세기에 이르러 무역이 발달하면서 주요 항구 도시로 발전했습니다.

댐과 다리를 건설한 주민들은 도시의 이름을 '암스텔르담'으로 지었습니다. 주민들은 다리 사용세를 내지 않아도 되는 면제 증명서에 '암스텔르담에 가까이 사는 사람들'이라고 기록했고, 이후 '아엠스테르담(Aemsterdam)'에서 지금의 이름으로 바뀌었습니다. 세계 금융과 무역의 중심지이며, 네덜란드에서 가장 큰 도시입니다.

네덜란드를 상징하는 튤립과 풍차

고풍스러운 건물들과 어우러진 도시의 밤 풍경

도시 계획에 따라 건설된 운하를 오가는 배

담 광장의 왕궁: 원래 시청 건물이었지만 1800년 초부터 왕궁으로 사용했어요. 지금은 왕실 가족이 수도를 방문할 때 머물지요.

반 고흐 미술관: 네덜란드를 대표하는 19세기 화가 반 고흐의 작품들을 주로 전시해요.

국립미술관: 1885년에 문을 열었어요. 미술관 앞에 설치된 'I amsterdam'라는 글자판은 이 도시를 찾는 이들에게 사랑받았으나 2018년에 철거되었대요.

노르웨이
Norway

수도 | 오슬로 Oslo

오슬로

도시 개발에 따라 비에르비카 지역에 다양한 건물들이 들어서 있어요.

남부 해안의 오슬로 피오르(빙하가 깎아 만든 U자 골짜기에 바닷물이 들어와서 생긴 좁고 기다란 만) 가장 북쪽에 자리 잡고 있으며, 푸른 언덕과 숲, 강으로 둘러싸여 있습니다. 바이킹 시대(793~1066년) 말기인 1040년대에 세워졌으며 1300년경 수도가 되었습니다. 1624년 사흘에 걸친 대화재로 이 도시가 파괴되자 크리스티안 4세는 도시 가까운 곳에 새로운 터전을 마련하여 크리스티아니아(Christiania)라고 이름 짓고 주민들을 그곳에 살게 했습니다. 폐허가 된 도시는 복구되었고, 마침내 1925년 오슬로라는 이름을 되찾았습니다.

도시 이름은 '신들에게 바친 목초지'라는 뜻이라고 합니다. 제2차 세계대전 이후 노르웨이의 무역·금융·산업·상업의 중심지로 발전했습니다.

🇳🇴 아케르스후스 성채: 1300년 전후에 지었지만 대화재로 완전히 불에 탔다고 해요. 크리스티안 4세가 다시 지어 르네상스 양식(15~16세기 건축 양식)을 보여 주는 중요한 유적이지요.

🇳🇴 비겔란 조각 공원: 세계적인 조각가 구스타브 비겔란의 조각 작품을 전시하기 위해 1921~1924년에 지은 세계 최대의 조각 공원이에요.

🇳🇴 오페라 하우스: 빙하의 모양을 본떠 지었다고 해요.

트램: 도로 위에 놓인 철로를 따라 달리는 전차

노르웨이 왕궁: 1840년대에 지은 왕궁과 1844년에 사망한 스웨덴-노르웨이 연합왕국의 왕인 칼 14세 요한 기마상이 있어요. 왕궁 앞쪽은 칼 요한 거리예요.

칼 요한 거리와 이어져 있는 왕궁 공원

덴마크
Denmark

> 📍 수도 | 코펜하겐 Copenhagen

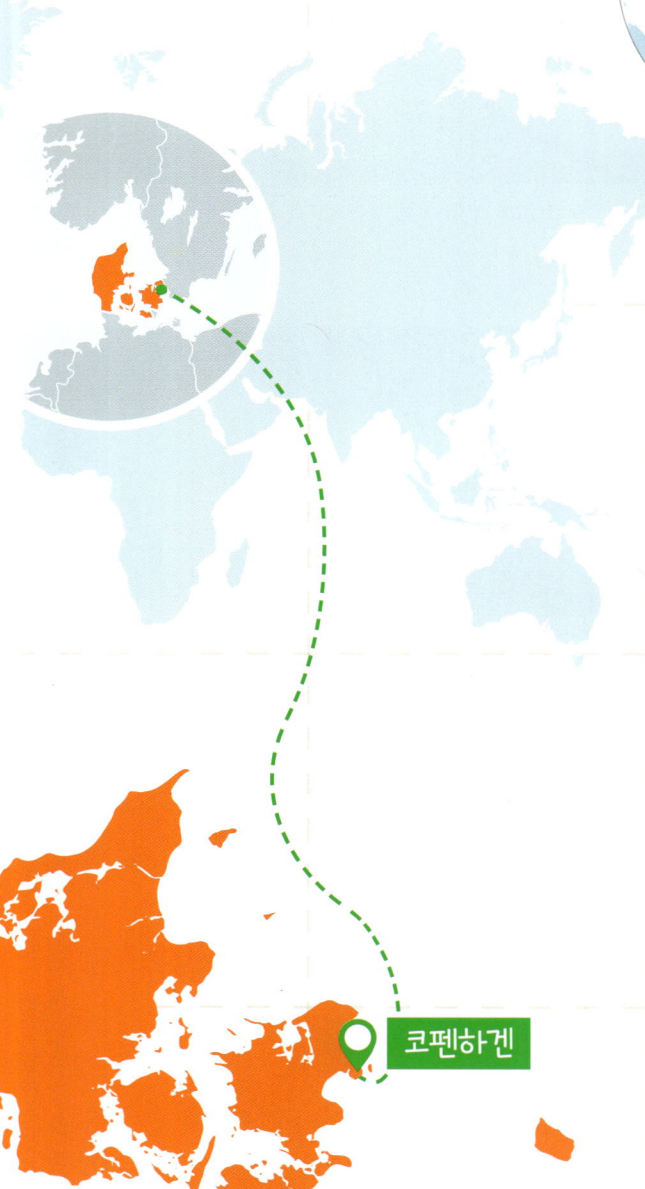

코펜하겐 중심지의 서쪽 가장자리를 따라 흐르던 긴 개울을 둑으로 막아
호수를 세 군데로 나눈 역사 깊은 구역이에요.

셀란섬의 남동쪽 해안에 자리 잡고 있으며, 도시의 일부는 아마게르섬에 있습니다.
고대 로마 시대에는 '하프니아(Hafnia)', 중세 시대에서는 '하운(Havn)'이라고 불렸습니다.

11세기 무렵 바이킹의 마을인 이곳에 성채를 짓기 시작하면서 도시로 발전했습니다.
15세기 초 수도가 된 이후로 지금까지 이어지고 있습니다.

도시 이름은 '상인의 항구 또는 안식처'라는 뜻입니다. 나무들이 우거진 숲과 아울러 역사 깊은 궁전과 교회 등의 건축물이 많아 유럽에서도 아름다운 도시로 손꼽힙니다. 안데르센의 동화로 유명한 인어 공주 상도 빼놓을 수 없습니다.

🇩🇰 크리스티안스보르 궁전: 1167년에 세워졌으며, 지금은 국회 의사당으로 쓰이며 국왕을 만나는 장소라고 해요.

🇩🇰 니하운: 이름은 '새로운 항구'라는 뜻이지요. 운하를 따라 늘어선 화사한 색깔의 집들로 유명해요.

로젠보르 성: 1606~1624년에 걸쳐 완성된 성과 왕의 정원이에요.

붉은색 기와지붕과 돌로 포장된 좁다란 골목길이 예쁜 코펜하겐의 역사 지구이지요.

독일 (도이칠란트)
Deutschland / Germany

수도 | 베를린 Berlin

베를린 TV 전파탑(오른쪽): TV 전파탑 앞쪽 붉은 지붕의 녹색 첨탑 건물은 베를린에서 가장 오래된 성모 마리아 성당이에요.

독일 북동부 슈프레강과 하펠강 연안에 자리 잡고 있습니다. 1871년 독일 제국이 들어서면서부터 제2차 세계대전 때까지 독일의 수도였습니다. 제2차 세계대전 이후 독일은 동베를린과 서베를린으로 나뉩니다. 동베를린은 동독(독일 민주공화국)의 수도가 되었지만, 서독(독일 연방 공화국)은 '본'을 임시 수도로 삼았습니다.

1961년, 동독은 동베를린과 서베를린의 경계에 40여 킬로미터에 이르는 콘크리트 담장을 세웠습니다. 이 담장은 '베를린 장벽'으로, 냉전(특히 미국과 소련을 중심으로 한 자본주의와 공산주의의 대립) 시대의 상징이 되었습니다. 1989년 베를린 장벽이 무너지고 1990년 독일이 통일되면서 1991년 수도의 지위를 되찾았습니다.

▌ 브란덴부르크 문: 1788년에 짓기 시작해서 1791년에 완성되었어요. 동독과 서독으로 갈라졌을 때 이 문 옆으로 베를린 장벽이 세워졌지요. 통일 후 자유의 상징이 되었어요.

▌ 슈프레강을 가로지르는 오베르바움 대교: 1732년 처음에는 나무 다리였지만 1896년 지금의 모습으로 다시 세웠어요. 상류와 하류를 잇는 이 다리는 독일 분단 당시에 국경 역할을 했지요.

독일의 전통 소시지 구이

베를린 대성당과 공원의 사람들: 15세기에 세워진 대성당은 지금은 복음주의 교회로 사용하고 있대요.

러시아
Russia

📍 **수도 | 모스크바** Moskva / Moscow

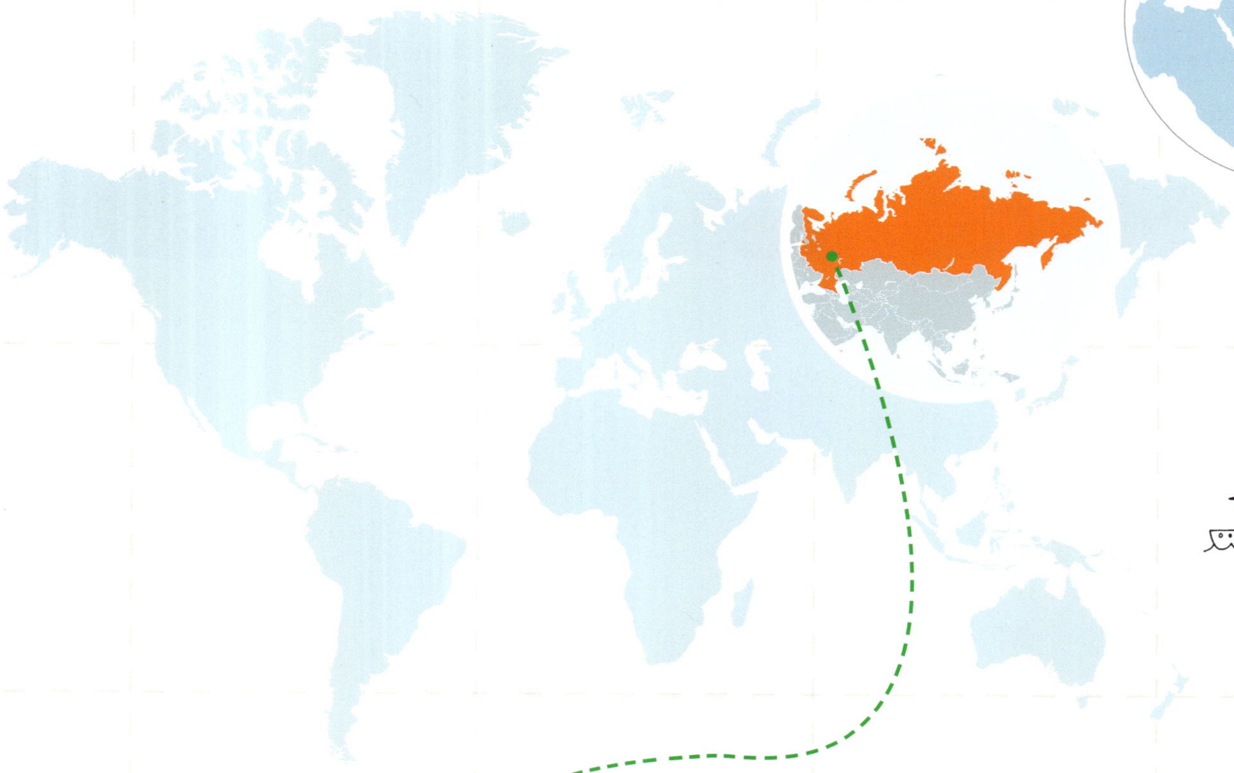

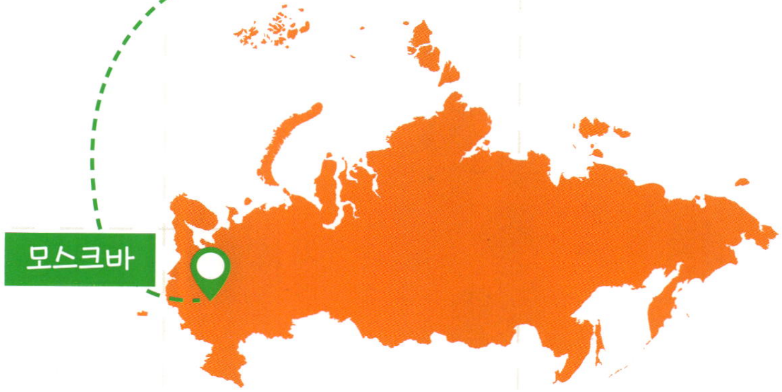

모스크바

붉은 담장으로 에워싸인 크렘린에 대통령이 머물고 있어요. 가운데 황금색 지붕의 건물은 1508년에 세워진 '이반 그레이트 벨 탑'으로 크렘린 안에서 가장 높은 탑이지요.

러시아에서 가장 큰 도시이자 세계에서 네 번째로 큰 도시입니다. 1156년 무렵 작은 언덕 위에 숲과 나무 울타리로 요새(크렘린. 러시아어로 '크레믈리')를 세운 것이 이 도시의 시작이었습니다. 14~18세기 초까지 러시아의 수도는 상트페테르부르크였지만, 러시아 혁명 이후 1918년 이곳으로 옮겨왔고 1922년 소련(소비에트 사회주의공화국 연방)의 탄생과 함께 수도가 되었습니다. 1991년 소련 붕괴 이후 다시 러시아의 수도가 되었습니다.

도시의 이름은 오래전부터 살아온 원주민들이 이곳에 흐르는 강을 '무스타조키(Mustajok, 검은 강이라는 뜻)'라고 부른 데서 비롯되었으며, '무스'는 습지를 가리킨다고 합니다.

붉은 광장에 있는 성 바실리 성당(왼쪽)과 스파스카야 탑: 성 바실리 성당은 1555년에 시작해 5년에 걸쳐 완성된 모스크바의 상징 건축물이에요. 스파스카야 탑은 1491년에 세워졌으며 시계는 모스크바의 공식 시간을 알려 준대요.

무역(비즈니스) 센터 중심의 도시 풍경

고리키 공원: 러시아의 대문호(세상에 널리 알려진 매우 뛰어난 작가) 막심 고리키의 이름을 붙인 공원이에요.

민속 공예품을 파는 놀이동산 같은 이즈마일로보 시장

루마니아
Romania

> 📍 수도 | 부쿠레슈티 Bucuresti/Bucharest

부쿠레슈티

옛 건물들이 잘 보존된 시내 중심가예요.
왼쪽 열은 하늘색 지붕에 붉은 줄무늬 벽돌 건물은 대법원이지요.

루마니아 남동부 도나우강 하류의 루마니아 평원에 자리 잡고 있으며, 1459년 블라드 3세 왈라키아 공국의 왕자가 이곳에 성채를 지은 것에서 비롯되었습니다. 1862년 루마니아 통일 왕국의 수도가 되었습니다.

루마니아의 전설에 따르면 부쿠르(Bucur)라는 사람(전설에 따라서 어부, 목동, 왕자 등으로 바뀜)과 관련이 있다고 하지만, '기쁨'을 뜻하는 '부쿠리'에서 비롯되어 '기쁨의 도시'라고도 합니다. 우아한 건축물들이 즐비하고 세련된 문화로 '동쪽의 작은 파리'라는 별명을 얻었습니다.

🇷🇴 옛 시가지에서 늘 사람들로 붐비는 유명한 립스카니 거리예요.

🇷🇴 루마니아 아테네움: 1888년에 세워진 수도의 상징 건물로, 음악회장으로 유명해요.

인민 궁전: 1984년에 짓기 시작해 1997년에 완성되었어요. 지금은 건물 일부를 국회에서 사용하고 있지요. 전체 12층에 방이 1,100개 있는 세계에서 가장 큰 행정 건물이라고 해요.

플로레아스카 호수 주변의 밤 풍경

룩셈부르크
Luxembourg

수도 | 룩셈부르크 Luxembourg

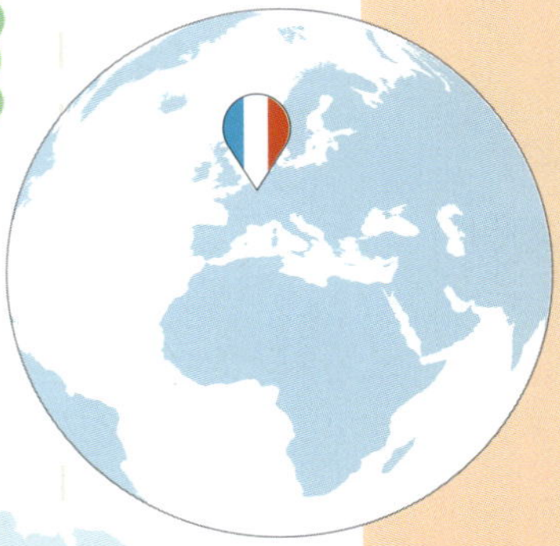

아돌프 다리 : 1903년에 놓은 페트루세 계곡을 가로지르는 다리로, 옛 시가지와 새 시가지를 연결해요.

페트루세강과 알제트강이 합쳐 흐르는 곳의 산 위에 지은 성이자 요새입니다. 룩셈부르크라는 이름은 '작은 성'을 뜻하는 '루실리부르후스(Lucilinburhuc)'에서 비롯되었다고 합니다. 963년 아르덴 백작 지크프리트가 이곳에 성채를 지은 것이 이 도시의 시작입니다.

커다란 다리 5개와 작은 다리 62개가 서로 연결되어 있는 독특한 도시입니다. 도시 중심부에는 노트르담 대성당과 시청사가 있습니다. 유럽 사법재판소·유럽연합 의회 사무국 등이 있으며, 수도를 둘러싼 오래된 요새는 1994년 유네스코 세계유산에 등록되었습니다.

노트르담 대성당: 노트르담은 '우리의 귀부인'이라는 뜻으로 '성모 마리아'를 가리키지요.

알제트강이 휘돌아 흐르는 그룬트(땅이라는 뜻) 마을 앞쪽 건축물은 생 장 성당이에요.

룩셈부르크 기차역: 고속열차로 프랑스 파리까지 2시간 8분이 걸린다고 해요.

기욤 2세 광장: 1839년 룩셈부르크의 자치권과 독립권을 승인한 네덜란드 왕 빌럼 2세의 공덕을 기념하기 위해 꾸며졌어요. 기욤은 '빌럼'의 프랑스어 표기이지요.

전기 연료를 채우고 있는 도시 버스

벨기에
België / Belgium

수도 | 브뤼셀 Brussels

브뤼셀

브뤼셀 시가지 풍경 : 브뤼셀 궁전(왼쪽)은 왕과 그의 가족이 사는 곳이 아니라 왕이 국가 업무를 처리하는 곳이에요.

식물들이 잘 자라는 기름진 브라만트평원 한가운데 자리 잡고 있으며, 정치·경제·문화·교통의 중심지입니다. 유럽연합(EU) 본부가 있어 유럽연합의 수도이기도 합니다. 브뤼셀은 '습지의 집'이란 뜻으로, 10세기 무렵 프랑스 샤를마뉴(샤를 대제)의 6대 후손인 로렌의 샤를 공작이 이 도시를 세웠습니다. 1839년 네덜란드에서 독립한 뒤 수도가 되었습니다.

브뤼셀의 상징이자 유럽에서 아름다운 광장으로 손꼽히는 그랑 플라스는 1998년 유네스코 세계유산에 등록되었습니다. 이 광장 중심에 시청이 있고, 모퉁이에 유명한 '오줌 누는 소년' 동상이 있습니다.

▶ 아늑한 브뤼셀의 오래된 골목길

▶ 그랑 플라스의 오래된 골목길에 자리 잡은 카페의 밤 풍경

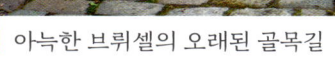
▶ 시청 앞 광장: 가운데를 중심으로 뾰족하게 솟은 왼쪽 건물이 시청이에요.

'꼬마 줄리앙'이라고도 하는 오줌 누는 소년 청동상

유럽연합 본부(집행위원회) 건물인 베를레이몽

알렉산드르 넵스키 대성당: 1877~1878년 러시아-오스만 제도 전쟁에서 목숨을 잃은 20만 명의 러시아 군인들을 기리기 위해 세웠어요. 이름은 러시아의 성인 갈렉산드르 넵스키에서 따왔지요. 완공까지 30년(1882~1912년)이 걸렸대요.

로마 시대를 포함해 7000년의 역사를 지닌 유럽에서 아주 오래된 수도 가운데 하나입니다. 불가리아 서부 비토샤산 밑에 자리 잡고 있어 경치가 무척 아름다운 도시로 손꼽힙니다. 그리스어인 소피아는 '지혜'를 뜻하며, 6세기에 지은 성 소피아 교회 이름에서 비롯되었습니다.

1908년 오스만 제국에서 독립한 뒤 수도가 되었습니다. 시내 곳곳에 고대 로마 시대의 유적을 비롯한 수많은 역사·문화 유산이 있어 '야외 박물관'이라고도 합니다.

▮ 알렉산드르 2세의 기념비와 불가리아 의회: 알렉산드르 2세는 오스만 제국과 전쟁을 벌여 불가리아를 해방시킨 러시아 황제예요. 맞은편 건물은 불가리아 국회 의사당이지요.

▮ 국립문화궁전과 주변 공원

수도 이름의 유래가 된 성 소피아 대성당

소피아 도시 개발에 힘쓴 '디미타르 펫코프' 수상의 이름을 딴 시장

도로 위를 달리는 전차, 트램

스위스
Suisse / Swiss

수도 | 베른 Bern

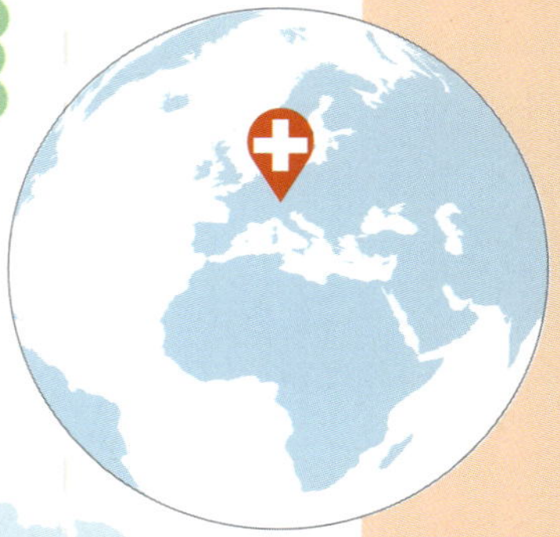

베른

아레강이 흐르는 베른 중심가의 옛 시가지

취리히, 제네바, 바젤에 이어 스위스에서 네 번째로 큰 도시입니다. 1848년 스위스 연방의 연방시(연방의회 소재지)가 되면서 수도가 되었습니다. 1191년 체링겐 공작 베르톨트 5세가 아레강을 따라 도시를 세웠습니다. 전하는 이야기에 따르면, 공작이 사냥에서 처음 만난 동물인 곰(Bär)에서 이름을 따왔다고 합니다.

베른 중심가의 옛 시가지는 1983년 유네스코 세계유산에 등록되었습니다. 베른은 세계에서 가장 생활하기 좋은 10대 도시에 이름이 올라 있습니다. 16세기 르네상스 양식으로 꾸민 116개의 분수가 도시 곳곳에 있어 '분수의 도시'라고도 합니다.

✚ 아레강 풍경: 라인강에서 갈라져 흐르는 강으로 스위스에서 가장 길어요(295킬로미터).

✚ 전차와 버스 정류장에 투명한 지붕 덮개가 있어요. 베른의 멋진 상징물이지요.

생 뱅상의 베른 대성당: 1421년에 짓기 시작해 1893년에 완성되었어요. 472년이 걸렸네요.

지금은 쇼핑 거리로 유명하지만, 중세 도시의 중심지로 시계탑이 있는 옛 시가지예요. 1983년 유네스코 세계유산에 등록되었어요.

스페인 (에스파냐)
Spain / España

수도 | 마드리드 Madrid

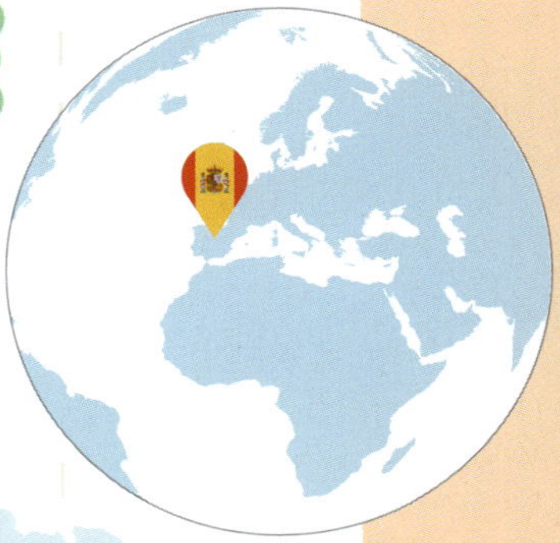

마드리드의 카스테야나 거리 오른쪽은 유명한 축구팀 레알 마드리드의 홈구장인 산티아고 베르나베우 경기장이에요.

스페인의 중심인 메세타고원에 자리 잡고 있으며 만사나레스강이 흐르고 있습니다. 유럽의 수도 가운데 가장 높은 곳에 있습니다. 9세기 후반 코르도바의 무함마드 1세가 요새를 쌓은 것이 이 도시의 시작입니다. 도시 이름에 관한 이야기가 많은데, '물이 풍부한 곳'이라는 뜻을 담고 있다고 합니다.

1606년 펠리페 3세가 수도로 정하면서 요새를 왕궁으로 사용했습니다. 이후 이 왕궁이 화재로 타버린 뒤, 복잡하고 어려운 사정 끝에 1762년 왕궁을 지어 지금까지 이어져 오고 있습니다. 현대적인 도시이면서 역사적인 건축물들이 잘 보존되어 있습니다.

🔖 시벨레스 광장: 마드리드 중심에 있는 광장이에요. 1782년에 풍요와 자연의 여신 시벨레스를 표현한 분수가 유명해요.

🔖 마요르 광장: 한때 시장터였지만, 1619년 왕의 취임식과 종교 의식·투우 경기·교수형 등을 치르는 장소로 바뀌었어요.

엘 레티로 공원: '부엔 레티로' 공원이라고도 해요. 왕실 별궁에 딸린 정원으로, 마드리드 시에 기증되어 시민들의 휴식 공간으로 바뀌었어요. 공원 한가운데 기마상은 알폰소 12세예요.

스페인 왕궁: 왕의 공식 거처이지만 지금은 공식 행사에만 사용되고, 실제로는 왕이 살지 않아요. 왕궁 안에는 방이 2,800개 있는데 그중 50개의 방만 구경할 수 있지요.

슬로바키아
Slovakia

수도 | 브라티슬라바 Bratislava

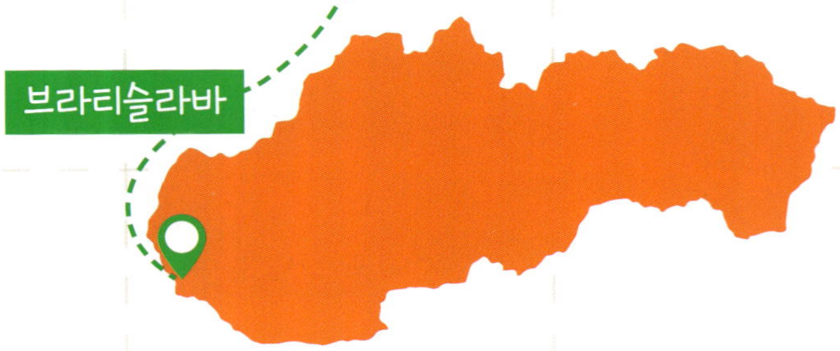

브라티슬라바

브라티슬라바 성(왼쪽)과 성 마르틴 대성당이 있는 풍경: 성 마르틴 대성당(오른쪽)은 브라티슬라바가 헝가리 수도였던 시대에 왕과 여왕이 되었음을 알리는 대관식 장소였지요.

도나우(영어로는 다뉴브)강을 끼고 슬로바키아 남서부에 자리 잡고 있으며, 오스트리아·헝가리와 국경을 접하고 있습니다. 세계 여러 나라의 수도 가운데 유일하게 두 국가와 국경을 접하는 수도인 셈입니다. 수도 이름은 중세 시대 마을인 '브라슬라프(Braslav)의 요새'에서 비롯되었습니다.

오랜 기간에 걸쳐 헝가리의 지배를 받았고, 이후 1918년 체코슬로바키아에 속했다가 1992년에 독립한 슬로바키아의 수도가 되었습니다. 역사적인 건축물과 유적이 많습니다.

🚩 **도나우강 풍경:** 이 강은 독일 남부 산지에서 시작해 독일·오스트리아·슬로바키아·헝가리·세르비아·불가리아·루마니아·우크라이나를 거쳐 흑해로 흘러들어요. 길이는 약 2,850킬로미터이지요.

🚩 **브라티슬라바 성:** 브라티슬라바 성은 1811년 화재로 모두 타 버렸지만 1950년대 복원되어 지금은 박물관으로 이용해요.

일하는 사람: 제2차 세계대전 당시 폭격을 피해
하수구에 숨어 있던 사람이 밖으로 나오는 모습이에요.
전쟁의 끝을 나타낸다고 해요. 옛 시가지에 있어요.

옛 시가지 크리스마스 시장에서
전통 음식을 요리하고 있어요.

도로 위 철로를 달리는 전차의 어제와 오늘

영국 (유나이티드 킹덤)
United Kingdom

📍 수도 | 런던 London

런던

웨스트민스터 궁전과 빅벤: 웨스트민스터 궁전(국회 의사당) 북쪽에 뾰족하게 솟아오른 시계탑 빅벤의 정식 이름은 엘리자베스 타워예요. 빅벤은 '크다'라는 뜻의 'Big'과 건설 책임자인 벤저민 홀(Benjamin Hall)의 이름 'Ben'에서 따왔다고 하지요.

로마 시대에 건설되어 론디니움(Londinium)으로 불렸던 이 도시는 템스강을 끼고 2000년 동안 발전해 왔습니다. 수도 이름은 '주기적으로 홍수가 일어나는 장소'라는 뜻에서 비롯되었다고 합니다.

런던은 유럽에서 가장 대학이 많이 있는 도시로, 모두 43개 대학이 있다고 합니다. 런던 탑(1988년), 큐 왕립식물원(2003년), 웨스트민스터 사원(성공회 성당)과 세인트 마거릿 성당으로 이루어진 웨스트민스터 궁전(1987년), 그리니치 천문대와 본초 자오선(경도 0°)에 그리니치 평균시로 유명한 그리니치 유적지(1997년) 등 네 곳이 유네스코 세계유산에 등록되었습니다.

🇬🇧 버킹엄 궁전: 여왕이 궁전에 머물 때에는 왕실 깃발(위쪽 동그라미)이, 없을 때는 영국 국기가 걸려요.

🇬🇧 큐 왕립식물원: 1759년 궁전 정원을 넓힐 때 지은 식물원으로, 1840년 국가 식물원으로 선정되었어요.

🇬🇧 템스강을 가로지르는 타워 브리지: 런던의 상징물로, 템스강에 배가 지나갈 때 여닫는 방식으로 세운 다리예요.

런던 아이 밤 풍경 : 1999년 말, 21세기의 개막을 기념하기 위해 브리티시 항공사에서 135미터 높이로 세운 회전 관람차예요. 한 바퀴 도는 데 약 30분 걸리지요. 🇬🇧

그리니치 천문대가 있는 그리니치 유적지 : 1675년에 세워졌지만 런던에 공해가 심해 1945년 천문대 본부를 케임브리지로 옮겼어요. 🇬🇧

오스트리아
Austria

📍 수도 | 빈 Wien / Vienna

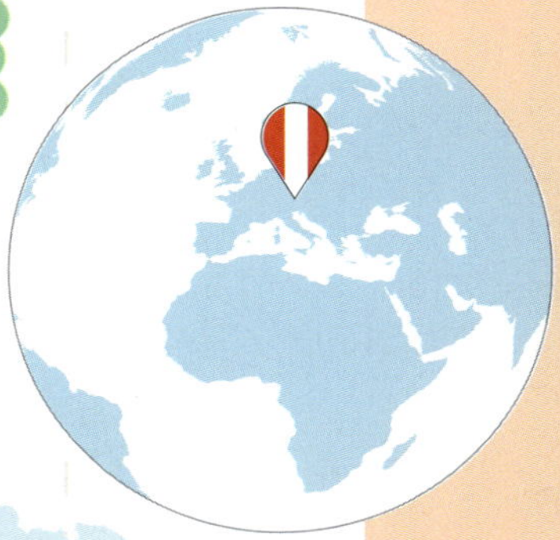

슈테판 대성당에서 바라본 슈테판 광장과 시가지 풍경

도나우강을 따라 자리 잡고 있으며 동유럽과 서유럽을 잇는 관문 역할을 합니다. 영어 이름은 '비엔나'로, 아주 오래전부터 도시로 자리 잡았습니다. 1805년 오스트리아 제국의 수도가 되었지만, 1938년부터 제2차 세계대전이 끝날 때까지 나치 독일 베를린에 수도의 자리를 넘겨주었습니다. 제2차 세계대전 이후 강대국들의 통치를 받다가 1954년에 독립하면서 수도의 자리를 되찾았습니다.

문화적으로 위대한 업적을 세운 도시이며, 건축과 음악으로 유명합니다. 1147년 로마 건축 방식으로 세워진 유명한 슈테판 대성당은 큰 화재로 타 버려 다시 세워졌고, 그로부터 약 200년 뒤 고딕 양식(하늘 높이 치솟는 뾰족한 탑 따위의 수직 모양이 특징)으로 탈바꿈했습니다.

▌▌ 슈테판 대성당: 1359년 지금의 형태로 고쳐 지은 이 성당은 천재 음악가 모차르트의 결혼식과 장례식을 치른 곳으로 유명해요.

▌▌ 성 카를 성당: 전염병(흑사병) 환자를 헌신적으로 돌보았던 성 카를로 보로메오에게 바치기 위해 1737년에 세운 성당이에요.

▌▌ 왼쪽은 빈 동부 지역에 자리 잡은 도나우슈타트예요. 국제원자력기구(IAEA), 유엔산업개발기구(UNIDO), 유엔마약범죄사무소(UNODC)를 비롯한 여러 유엔 사무소와 국제기구가 있어요. 뉴욕에 UN 본부가 있고, 제네바·나이로비에 이어 세 번째 'UN 도시'이지요.

나슈마르크트: '군것질 시장'이라는 뜻으로, 16세기부터 문을 연 전통 시장이지요.

쇤브룬 궁전: 프랑스의 베르사유 궁전과 함께 유럽에서 가장 화려한 궁전이에요.

이탈리아 (이태리)
Italia / Italy

수도 | 로마 Rome

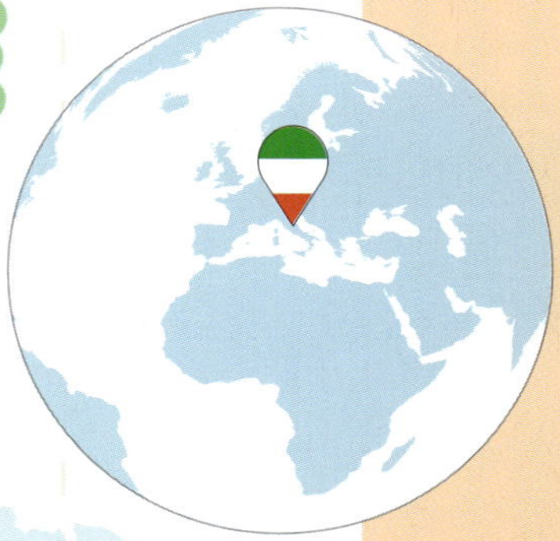

성 베드로 광장 중심의 풍경: 바티칸 시국에 있는 성 베드로 대성당(바티칸 대성당) 바로 앞 광장이에요. 두 팔 벌려 사람들을 품어 안는 모습으로 표현했다고 해요.

테베레강 하구에 있으며, 시 면적은 서울의 두 배 정도입니다. 유럽에서 가장 오래된 도시로 알려졌습니다. 4세기경 밀라노와 라벤나에 정치적·경제적 지위를 빼앗긴 뒤 로마 가톨릭의 중심지가 되었습니다. 1871년 로마가 이탈리아의 수도가 되자 교황은 이에 반발하여 대립하다가 1929년 교황청을 중심으로 바티칸 시국(시 하나만으로 이루어진 국가)으로 독립했습니다.

'로마'라는 이름의 유래에 관해서는 여러 이야기가 있습니다. 도시의 첫 번째 왕이자 설립자인 로물루스의 이름에서 따왔다거나 테베레강의 옛 이름으로 '흐르다'라는 뜻의 라틴어 동사 'Rumon, Rumen'에서 비롯되었다고 하며, '힘'을 뜻하는 그리스어에서 비롯되었다고도 합니다.

🚩 산탄젤로 성: 원래는 하드리아누스 황제의 무덤으로, 590년 흑사병을 물러나게 해달라는 기도를 올리던 중 이 성 지붕에 대천사 미카엘이 나타나 곧 흑사병이 끝난다는 말을 전했대요. 이후 '산탄젤로(성스러운 천사라는 뜻)'라고 이름을 고치고 성 꼭대기에 대천사의 대리석 상을 세웠지요.

🚩 테베레강에서 바라본 성 베드로 대성당

🚩 콜로세움과 콘스탄티누스 개선문: 콜로세움(왼쪽)은 로마를 상징하는 원형 경기장으로 70년경에 짓기 시작하여 80년에 완성되었어요. 콘스탄티누스 개선문(오른쪽)은 콘스탄티누스 대제의 서로마 통일을 기념하는 건축물로 315년에 완성되었지요.

테베레강 서쪽 트라스테베레 지구의 아늑하면서도 아주 역사가 깊은 거리예요.

트레비 분수: 개선문을 본뜬 흰 대리석 벽면 세 번째 층 왼쪽과 오른쪽에 전쟁터에서 돌아와 지친 로마 병사들에게 아가씨가 물이 있는 샘으로 이끌었다는 전설이 새겨져 있어요. 1732년부터 짓기 시작하여 1762년에 완성되었지요.

체코
Czech

수도 | 프라하 Praha

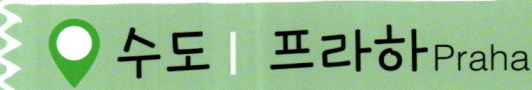

프라하

시청에서 내려다본 광장과 틴 성모 성당: 옛 시가지에 있는 이 성당은 1365년 고딕 양식으로 다시 지은 건물이지요. 각각 아담과 이브라는 이름 붙인 두 개의 뾰족한 탑이 있어요.

체코의 도시 가운데 가장 인구가 많으며, 유럽연합에서는 열네 번째로 인구가 많습니다. 블타바강(체코에서 제일 긴 강, 길이 430킬로미터)이 도시의 중심을 가로지릅니다. 800년대 말 이곳에 성과 요새를 지으면서 보헤미아 왕국의 수도가 되었습니다. 이름에는 수심은 그리 깊지 않지만 경사가 있어 물살이 빠른 '여울목'이라는 뜻이 있다고 합니다.

이 도시는 오스트리아-헝가리 제국의 최대 공업 도시로 성장했고, 1918년 체코슬로바키아로 독립한 이후 수도가 되었습니다. 1993년 체코슬로바키아에서 독립한 '체코'의 수도로 옛 건축물들이 가득 찬 역사적 도시입니다. 관광지로도 유명하여 런던, 파리, 이스탄불, 로마에 이어 유럽에서 다섯 번째로 방문객 수가 많다고 합니다.

▶ 카를 다리와 블타바강: 체코에서 가장 먼저 세워진(1470년) 돌다리로, 블타바강을 가로지른 다리들 가운데 이 다리에는 사람들만 오갈 수 있어요.

▶ 프라하 성과 성 비투스 대성당 풍경: 프라하 성(왼쪽)은 1918년부터 대통령 궁으로 사용하고 있어요. 지금까지 사용되는 성 가운데 세계에서 가장 크다고 해요. 성 비투스 대성당(성 뒤로 뾰족한 탑들이 있는 건물)은 1344년에 짓기 시작해 1929년에야 완성되었지요.

옛 시가지의 골목길

크로아티아
Croatia

수도 | 자그레브 Zagreb

자그레브

대규모 전시회를 열기 위해 특별히 설계된 예술 전시관과
그 앞은 크로아티아 최초의 왕으로 알려진 토미슬라브 국왕(910~928년 재위)의 이름을 붙인 광장이에요.

크로아티아의 북서쪽 도나우(다뉴브)강의 지류인 사바강과 도심을 둘러싼 메드베드니차산이 있습니다. 크로아티아 왕국을 몰락시킨 헝가리가 1094년 자그레브 대성당을 짓기 시작하면서부터 도시로 발전했습니다. 도시 이름은 중세(9세기부터 16세기까지의 시기) 때 가뭄을 해결하기 위해 땅을 판 끝에 우물을 발견했다는 뜻에서 비롯되었다고 합니다. 크로아티아어로 '자그라비티(zagrabiti)'는 '움푹 퍼내다'라는 뜻입니다.

1980년대 말, 동유럽의 자유화 물결을 타고 1990년에 유고슬라비아 연방에서 독립한 크로아티아 공화국의 수도가 되었습니다.

자그레브 대성당: 성 슈테판 대성당이라고도 해요. 1094년에 짓기 시작해 1102년에 완성, 1242년 몽골의 침략으로 파괴된 건물을 다시 세웠지요. 1880년 지진으로 크게 무너진 이후로 지금의 모습을 갖췄어요. 이 성당 앞에 성모 마리아 상이 있어요.

스칼린스카 거리: 음식점이 늘어서 있어 여러 음식들을 맛볼 수 있어요.

반 옐라치치 광장: 자그레브에서 가장 복잡한 곳이에요. 1848년 오스트리아-헝가리 제국의 침입을 물리친 반 옐라치치 장군을 기리는 이 광장에는 트램만 오갈 수 있어요.

즈린예바츠 공원: 자그레브 시민들이 가장 아끼는 공원이에요. 19~20세기 도시 문화를 한눈에 볼 수 있지요.

포르투갈
Portugal

수도 | 리스본 Lisbon

리스본

리스본 대성당과 노란색 트램: 종탑이 두 개인 리스본 대성당은 리스본의 대표적인 건축물이에요.

포르투갈에서 가장 크며 대서양과 닿아 있는 항구 도시입니다. 높은 지대인 바이후 알투 지구와 중심부의 낮은 지대인 바이샤 지구로 나뉘는데, 두 지구는 다리와 케이블카로 연결되어 있습니다. 716년부터 이슬람 통치를 받은 이 도시는 1147년에 해방되었고, 13세기 중엽부터 포르투갈의 수도가 되었습니다.

이 도시는 그리스 신화의 영웅 율리시스(오디세우스)가 이 도시를 세워 라틴어로 '율리시포(Olisippo)'라는 이름으로 알려졌고, 기원전 1200년경 테주강(타구스강) 하구에 자리 잡아 페니키아어로 '안전한 항구'를 뜻하는 '알리스 웁보(Allis Ubbo)'에서 비롯되었다고 합니다.

🇵🇹 벨렝 탑: 테주강 작은 섬 위에 세운 리스본을 방어하기 위한 요새였어요. 항해에서 돌아온 탐험가들이 이곳을 거쳐 리스본으로 들어오기도 했지요. (1983년 유네스코 세계유산에 등록)

🇵🇹 호시우 광장: '페드루 4세 광장'이라고도 해요. 분수대 바로 뒤 오른쪽 불이 켜져 있는 사각형 구조물은 리스본 시가지를 한눈에 볼 수 있는 산타 주스타 엘리베이터이지요.

🇵🇹 상 조르즈 성 너머 해돋이 풍경: 상 조르즈 성(왼쪽 언덕 위)은 리스본에서 가장 오래된 성이에요. 군사 요새와 감옥으로 사용했지만 지금은 공원으로 꾸며졌어요.

예수상과 4월 25일 다리: 높이 75미터의 기단에 세운 28미터의 예수상과, 독재자 살라자르를 몰아낸 1974년 4월 25일을 기념한 다리예요. 다리 위층 고속도로에는 자동차가 달리고, 아래층에는 기차가 다니지요.

폴란드
Poland

수도 | 바르샤바 Warszawa

빌라노프 궁전: 프랑스 베르사유 궁전에서 영감을 받아 지은(1667~1696년) 폴란드 왕실의 여름 궁전이에요.
제2차 세계대전 때에도 피해를 입지 않고 잘 보존되었지요.

1596년 폴란드 왕국이 들어서면서 수도가 되어 폴란드의 정치·경제·문화의 중심지로 발전했습니다. 제2차 세계대전 동안 나치 독일의 침공으로 도시 대브분이 파괴되었습니다. 나치는 이곳에 게토(유대인 거주 지역)를 세워 많은 유대인들을 강제로 수용하기도 했습니다. 이후 전쟁이 끝난 뒤 폐허가 된 도시를 본래 모습으로 복원하는 등 옛 시가지 복구에 힘썼습니다.

도시 이름은 '바르슈의 소유하는'이라는 뜻으로, 바르슈는 12~13세기 귀족이었다고 합니다. 또 다른 이름의 유래는 어부 바르스(Wars)와 그의 아내 사바(Sawa)에서 비롯되었다고도 합니다. 1981년 바르샤바 역사 지구가 유네스코 세계유산에 등록되었습니다.

문화 과학 궁전: 1955년에 지은 37층 건물로, 탑 높이는 234미터예요. 옛 소련이 폴란드에 선물한 건물이라고 해요. 영화관, 박물관과 연구소, 스포츠센터가 있지요.

잠코비 광장: 왼쪽 동상은 바르샤바로 수도를 옮긴 지기스문트 3세예요. 오른쪽 붉은색 건물은 바르샤바 왕궁으로 제2차 세계대전 때 파괴된 것을 복원, 지금은 박물관으로 쓰이지요.

바르샤바 역사 지구 너머로 새 시가지가 펼쳐져 있어요.

모코토프스키 공원 : 예전에는 비행장과 경마장으로 사용했지만 지금은 바르샤바에서 가장 큰 공원이에요. 공원 안에는 국립도서관이 있지요.

프랑스
France

수도 | 파리 Paris

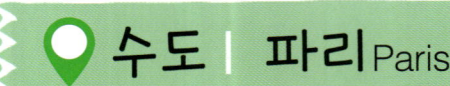

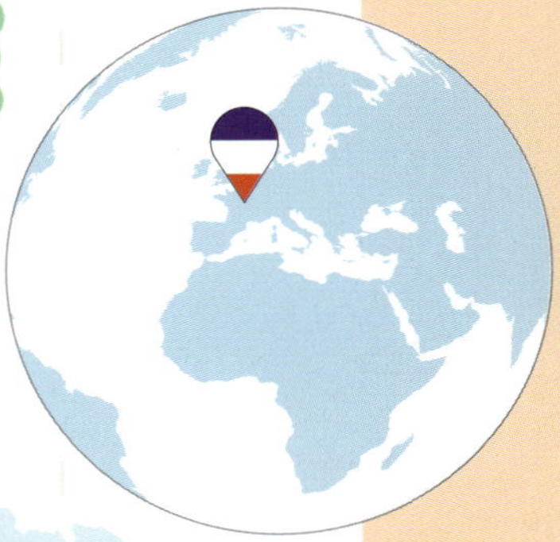

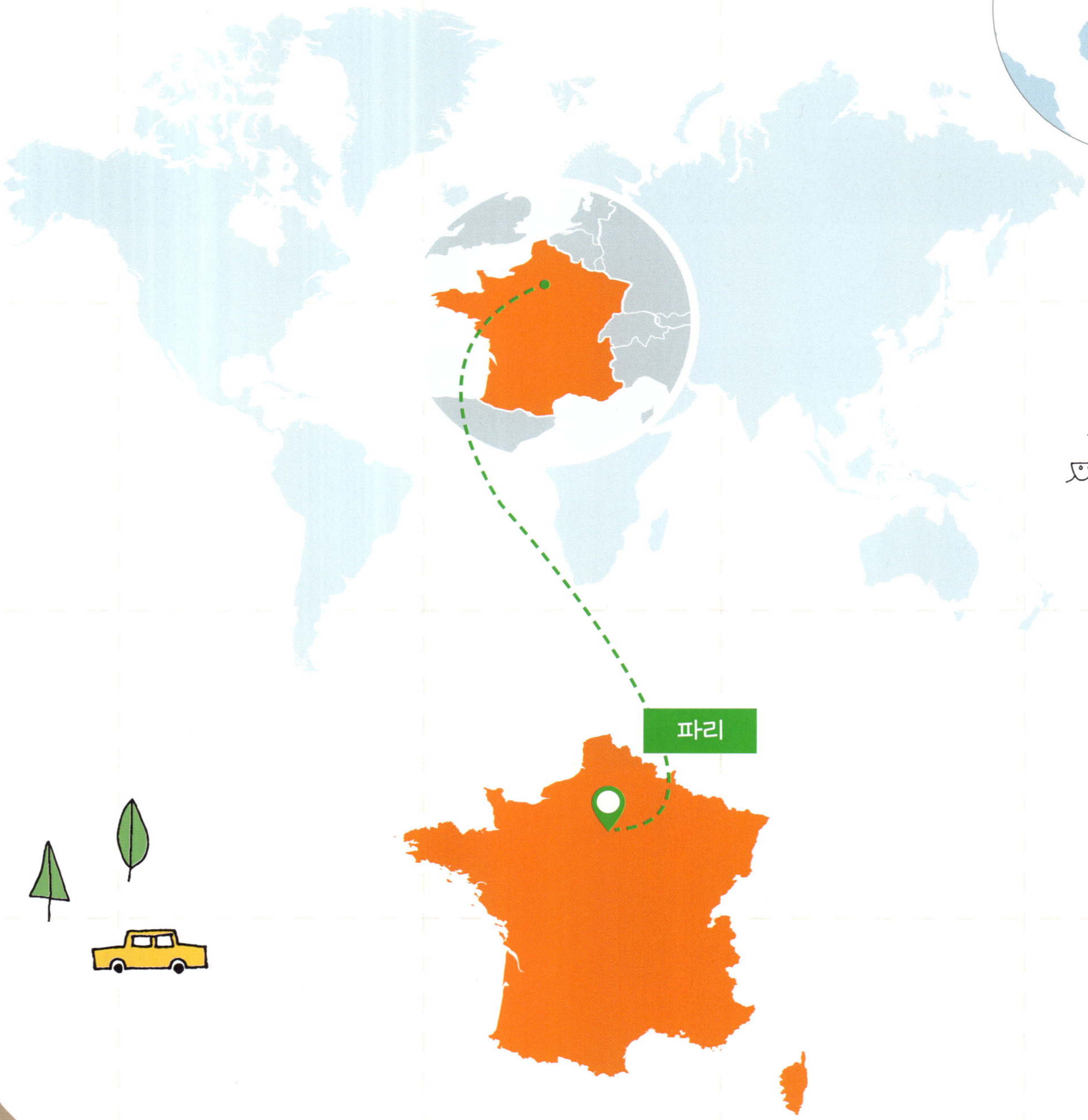

센강과 에펠탑이 보이는 풍경: 에펠탑은 1889년 프랑스 혁명 100주년 기념 박람회 때 마르스 광장에 세운 철탑이지요. 이 탑을 설계한 귀스타브 에펠의 이름을 붙였어요.

아주 오랜 옛날(기원전 3세기 무렵)부터 켈트족의 파리지 사람들이 시테섬을 중심으로 살았습니다. 도시의 이름은 고대 로마인들이 이곳을 정복하여 살기 시작하면서 '루테티아(Lutetia)'라고 했으며, 로마 제국이 멸망한 뒤 '파리시우스(Parisiorus)'라는 라틴어 이름에서 따와 파리라고 했습니다. 이후 여러 왕조에서 수도로 삼았고, 12세기 말부터 프랑스의 수도로 자리 잡았습니다.

현재 프랑스의 정치·경제·교통·학술·문화의 중심지일 뿐만 아니라 세계 문화의 중심지입니다. 파리의 또 다른 이름은 유럽에서 처음으로 거리와 기념물에 가스등을 밝혀 '빛의 도시'라고도 합니다. 이곳에는 베르사유 궁전(1979년), 센강의 자연환경과 주변 문화유산들(루브르 박물관, 생트 샤펠 성당, 그랑 팔레, 에펠탑, 노트르담 대성당)을 아우르는 '파리의 센 강변'(1991년) 등 유네스코 세계유산에 등록된 역사적 건축물이 많습니다.

▚ 노트르담 대성당: 파리 중심인 시테섬에 자리 잡고 있어요.
공사를 시작한 지 170년 만인 1330년에 완성된 성당이에요.
2019년 4월 화재로 지붕 일부와 뾰족한 탑이 불에 탔지요.

▚ 샹젤리제 거리와 에투알 개선문: 축구 경기나 나라의 큰 행사 때마다
사람들이 몰려드는 거리에 있는 개선문은 프랑스 군대의
모든 승리를 기념하기 위해 30년에 걸쳐 1836년에 완성되었어요.

▚ 파리 북부에 있는 몽마르트 지구의 오래된 거리

루브르 박물관: 12세기 후반에 요새로 짓기 시작해 차츰 넓히면서 궁전으로 바뀌었지요. 17세기 말 왕이 베르사유 궁전으로 옮겨 가면서 왕실에서 수집한 예술품을 보관하는 미술 전시관으로 쓰였어요. 나폴레옹 황제가 왕위에 오른 뒤 전쟁에서 약탈한 예술품이 쌓이면서 세계 3대 박물관이 되었다고 해요.

튀일리 공원: 파리 중심에 있는 이 공원은 1564년에 꾸며졌어요. 루브르 박물관과 이어지는 공원으로 자연과 과학의 조화를 잘 어우러지게 표현하려고 설계했다네요.

핀란드
Finland

수도 | 헬싱키 Helsinki

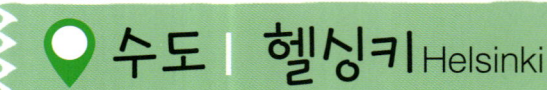

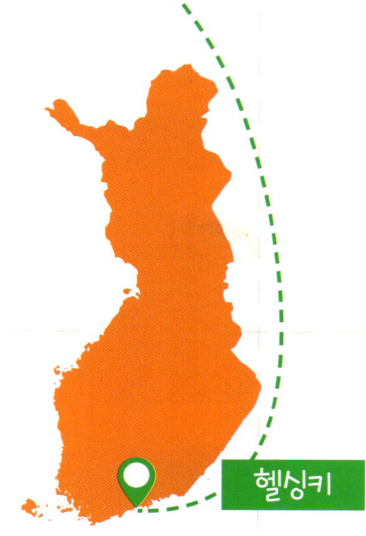

헬싱키

저 멀리 헬싱키 항구가 보여요. 항구 주변으로 지붕색이 화려한 건물들이 돋보여요.

세계에서 가장 북쪽에 있는 도시로, 핀란드 남부 핀란드만에서 튀어나온 작은 곶을 중심으로 하여 주변 섬들로 이루어져 있습니다. 1550년 핀란드를 통치한 스웨덴의 구스타브 1세가 '한자(Hansa) 동맹'(14~17세기에 독일 북쪽과 발트해 연안에 있는 여러 도시들이 해상 교통의 안전을 보장하고 상업상 목적으로 맺은 도시 동맹. '한자'는 '친구'나 '무리'를 뜻하는 독일어로, 원래 상인들의 모임이었음)에 가입한 에스토니아의 수도 탈린이 발전하는 것을 막으려고 헬싱포르스(Helsingfors)라는 무역 도시를 세운 데에서 비롯되었습니다.

1809년 스웨덴이 러시아와의 전쟁에서 패하자 핀란드는 러시아의 지배를 받았습니다. 1812년 러시아 황제 알렉산드르 1세는 핀란드의 수도(당시에는 투르쿠)를 러시아의 상트페테르부르크와 가까운 이곳으로 옮겼습니다. 1917년 러시아에서 독립한 이후 꾸준하게 발전하여 2012년 세계 디자인 수도로 선정되기도 했습니다.

✚ 헬싱키 대성당: 헬싱키 중심지에 있는 루터 교회로 많은 사람들이 찾아오지요.

✚ 우펜스키 대성당: 1868년 세워진 핀란드 정교회의 대표적인 성당이지요. 뒤쪽으로 헬싱키 대성당(흰색 건물에 파란 지붕)이 보이네요.

✚ 수오멘린나 요새: 핀란드를 차지한 스웨덴이 적의 침입을 막으려고 여섯 섬을 연결하여 지은 바다 요새예요. 수오멘린나는 '무장 해제'라는 뜻이지요.(1991년 유네스코 세계유산에 등록)

대표적인 길거리 음식인 생선 튀김

많은 사람들이 이용하는 트램이 옛 시가지의 좁다란 길을 오가고 있어요.

헝가리
Hungary

수도 | 부다페스트 Budapest

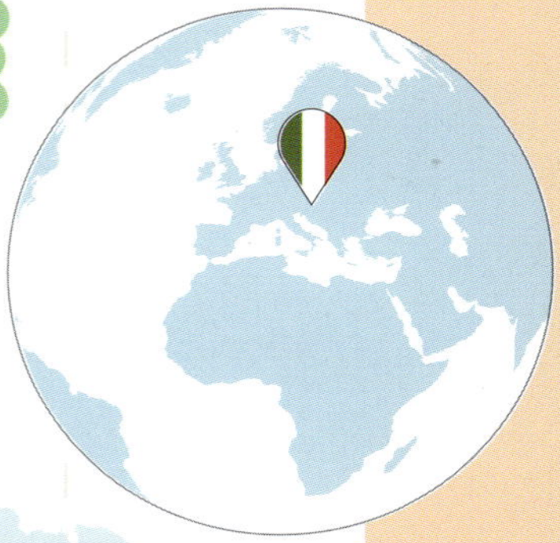

부다페스트

성 이슈트반 대성당(페스트 지역)이 있는 도심 : 헝가리에 가톨릭을 최초로 받아들인 초대 국왕 이수트반 1세를 기리기 위해 세웠어요. 부다페스트에서 가장 큰 성당이면서 가장 높은(96미터) 건축물이지요. 이 성당보다 더 높은 건물은 지을 수 없대요.

초기 켈트족이 살았던 이 마을은 2세기경 로마 군대가 머물면서 도시로 발전했으며, 9세기경 이곳에 헝가리 민족이 살기 시작했습니다. 14세기경에 부다는 헝가리의 수도가 되었습니다. 16세기 오스만 제국에 점령되어 150년 동안 지배를 받았습니다.

1849년 부다와 페스트를 잇는 세체니 다리가 세워졌고, 1873년 도나우강 서쪽의 부다(Buda)와 오부다(Óbuda), 동쪽의 페스트(Pest)가 합쳐져 '부다페스트'라는 도시가 되었습니다. 전하는 이야기에 따르면, 부다는 훈족의 통치자 아틸라의 형제인 '블레다'의 이름에서, 페스트는 '석회암 동굴'에서 비롯되었다고 합니다. 도시 한가운데 도나우강이 흐르고 있어 '도나우의 진주', '도나우의 장미'라고도 합니다.

🇭🇺 국회 의사당(페스트 지역): 헝가리 건국(896년) 1000년을 기념하는 건축물로 17년에 걸쳐 1904년에 완성되었어요. 런던의 국회 의사당 다음으로 세계에서 두 번째로 큰 국회 의사당이지요.

🇭🇺 세체니 온천: 헝가리뿐만 아니라 유럽에서 가장 큰 온천이에요. '세체니'는 헝가리의 국민 영웅인 '세체니 이슈트반' 이름에서 따왔으며, '세체니 다리'도 이 사람의 이름에서 따왔어요.

🇭🇺 세체니 다리 중심으로 펼쳐진 풍경: 왼쪽은 부다 성으로 왕의 거처이자 정치·문화의 중심지였어요. 지금은 국립미술관과 박물관으로 바뀌었지요.

굴뚝빵: 체코에도 이 빵이 유명하지만, 헝가리에서 이 빵을 처음 만들었대요.

부다페스트 지하철 1호선: 1896년에 다니기 시작했어요. 런던 다음으로 유럽에서 아주 오래된 지하철로 유명하지요.

국회 의사당 주변의 밤 풍경

3.
중동
MIDDLE EAST

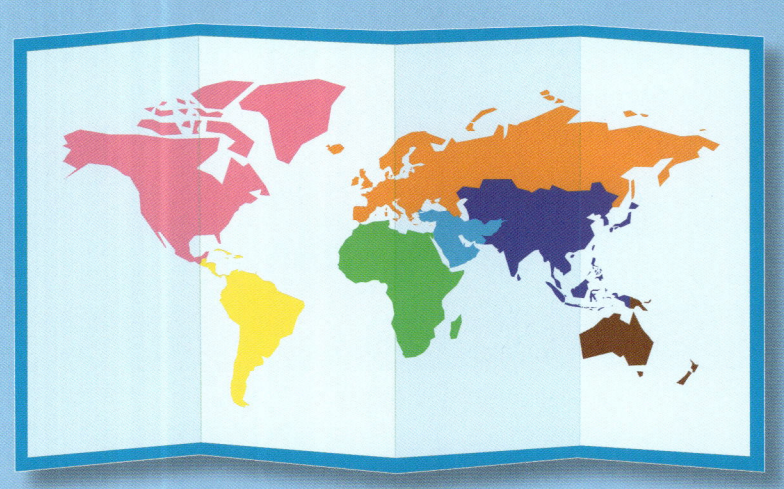

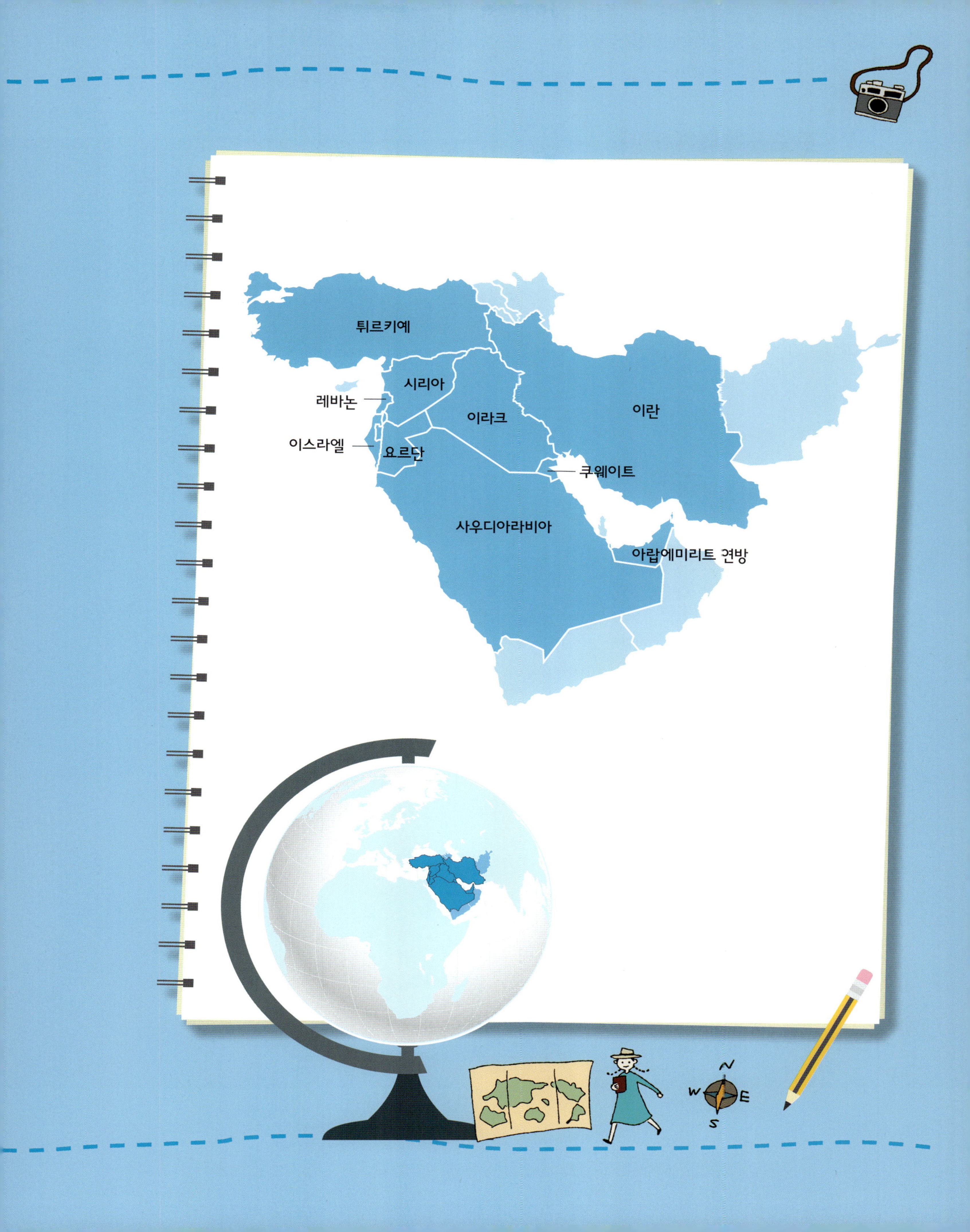
튀르키예
시리아
레바논
이라크
이란
이스라엘
요르단
쿠웨이트
사우디아라비아
아랍에미리트 연방
N
W
E
S

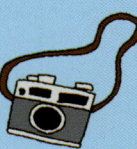

레바논
Lebanon

📍 수도 | 베이루트 Beirut

베이루트

해안에 접한 베이루트 중앙 지구에는 상점·무역 사무소·공공 기관 등이 모여 있어요.

5천 년 넘게 사람들이 살아온 이 도시는 세계에서 아주 오래된 도시로 손꼽히며, 레바논에서 가장 큰 도시입니다. 레바논산맥 기슭을 중심으로 지중해 동쪽 해안에 닿아 있습니다. 도시 이름은 페니키아어로 '우물'을 뜻합니다. 1943년 프랑스 통치에서 벗어난 레바논이 독립하면서 수도가 되었습니다.

페니키아, 헬레니즘, 로마, 비잔틴, 아랍, 오스만 등의 유적이 발굴되는 등 중동에서 가장 문화적인 도시였습니다. 이처럼 오랫동안 중동 아랍권에서 경제·사회·지식·문화의 중심지였지만 1970년 이후 30여 년 동안 내전과 시리아를 비롯한 이슬람교와 이스라엘의 포위 공격으로 유적들이 거의 파괴되었습니다.

▶ 모하마드 알 아민 사원: 지붕이 파란색이라 '블루 모스크(파란 사원)'라고도 해요.
수니파 이슬람 사원으로 레바논에서 제일 큰 사원(2008년 기준)이지요. 그 앞에는 로마 시대의 유적지가 있어요.

▶ 네즈메 광장: 1933년 레바논 출신의 브라질 이민자가 레바논 정부에 기증한 시계탑(그의 이름을 붙여 알 아베드 시계탑)을 중심으로
국회 의사당과 박물관 등이 있어요.

비둘기 바위의 해넘이: 예전에 비둘기가 많이 살아서 붙인 이름이에요.

프랑스 식민지 시대의 좁은 골목과 역사적인 건물로 가득한 곳으로 유명한 거리예요.

사우디아라비아
Saudi Arabia

수도 | 리야드 Riyadh

지금은 전망대로 바뀐 급수탑 주변으로 박물관과 미술관이 자리 잡은 킹 압둘라지즈 역사 센터 주변 풍경이에요.

나지드고원 동쪽에 해발 약 600미터 자리 잡은 이 도시는 사우디아라비아에서 가장 큰 도시이며, 아랍권에서 사람이 가장 많이 살고 있는 도시입니다. 도시의 이름은 '정원'으로, 곧 오아시스 도시를 뜻합니다. 1824년 이븐 사우드 가문에서 와하브(이슬람교의 경전인 쿠란의 가르침대로 살아야 한다고 주장하는 이슬람교 수니파) 운동을 지원한 뒤 사우디 왕국을 세우면서 이곳을 수도로 삼았습니다. 이후 이 왕국은 라시드 가문의 공격으로 몰락했지만 1902년 다시 이곳을 찾았습니다.

오스만 튀르키예군을 몰아내고, 영국의 지배를 받다가 1927년 독립했습니다. 1932년 나라 이름을 사우디아라비아라 고쳤습니다. 1953년 미국 도시를 본떠 이곳을 바둑판 모양의 구조로 꾸몄습니다.

시내 중심가의 밤 풍경 : 녹색 조명으로 빛나는 건물은 킹덤 타워예요.

남자 무용수들로 이루어진 전통 무용 : 칼이나 대나무를 들고 드럼이나 손뼉에 맞춰 춤을 추지요.

디리야의 아트 투라이프 구역 : 사우디 왕국의 첫 번째 수도 디리야(1744~1818년)의 유적이에요.
진흙 벽돌을 쌓아 지은 건축물이 남아 있어요.(2010년 유네스코 세계유산에 등록)

투와이크산의 절벽 : 리야드에서 북서쪽으로 약 96킬로미터 떨어진 곳에 투와이크산이 있어요.
그 산 동쪽은 아래로 길게 이어지고, 서쪽은 가파른 절벽이라 '세상의 끝'이라는 별명이 있지요. 그 아래로 너른 평지가 펼쳐져요.

시리아
Syria

📍 **수도** | 다마스쿠스 Damascus

다마스쿠스

우마이야드 사원 : 715년에 지은 세계 4대 이슬람 사원 중 하나라고 해요.

　　기원전 3천 년경 시리아 사막 가운데 기름진 오아시스 지역인 팔미라에 자리 잡은 이 도시는 옛날부터 '동양의 진주'로 불렸습니다. 기원전 1만 년경에서 기원전 8천 년부터 이곳에 사람들이 살았던 유물과 유적이 발견되어 세계에서 역사가 가장 오래된 도시이자 수도로 알려졌습니다. 이름은 그리스어로 '물이 풍부한 땅'이라는 뜻입니다.

　　아랍 사람들이 이곳에 왕국을 세우고 수도로 삼았지만, 오랜 세월 동안 여러 나라의 침략으로 파괴와 발전을 거듭했습니다. 이슬람 문화의 4대 도시(메카, 메디나, 예루살렘, 다마스쿠스)이기도 합니다. 이슬람 문화 외에도 로마와 비잔틴 문화(그리스·로마 문화와 이슬람 문화가 합쳐진 문화)의 유적들이 곳곳에 남아 있는 이 도시의 옛 시가지는 유네스코 세계유산에 등록되었습니다(1979년). 1946년 프랑스에서 독립한 시리아의 수도로, 중동 지역의 도시들을 연결하는 중계 무역에 큰 몫을 하고 있습니다.

안티 레바논산맥 기슭의 해발 680미터 고원에 자리 잡은 도시예요. 구름 사이로 노을이 지고 있어요.

다마스쿠스의 아이스크림 가게 '박다시': 100년 전통을 자랑하는 이 가게에서 만든 아이스크림을 '박다시 아이스크림'이라고 해요.

알 하미디야 전통 시장에서 차를 파는 사람

팔라펠 케이크: 이 케이크는 병아리콩 또는 누에콩으로 만든 음식으로 중동의 전통 음식이지요.

역사가 오래된 옛 시가지의 골목길

아랍에미리트 연방
Arab Emirates United

수도 | 아부다비 Abu Dhabi

걸프(페르시아)만의 트루시알 해안에 자리 잡고 있어 예부터 진주잡이 등 어업이 활발했어요.

먼저 나라 이름을 살펴보면, 이슬람 집단의 부족장인 '아미르'가 통치하는 나라를 '토후국(영어로는 에미리트Emirate)'이라고 합니다. 아랍에미리트는 일곱 토후국(아부다비, 두바이, 샤르자, 아지만, 움 알 카이 와인, 라스 알 카이마, 후자이라)으로 이루어진 나라입니다.

아랍에미리트에서 가장 큰 토후국이자 수도인 '아부(아버지)다비(가젤)'는 '가젤의 아버지'라는 뜻입니다. 이 지역에 가젤이 많았고 통치자와 가젤이 관련된 이야기에서 비롯된 이름입니다. 아라비아 반도에 자리잡은 아부다비는 아랍에미리트 전체 면적의 4분의 3을 차지하며, 1958년 유전(석유가 나오는 곳)이 발견된 후 엄청난 석유와 천연가스를 보유한 곳으로 전 세계에 이름을 알리기 시작했습니다.

🇦🇪 마리나 몰: 2001년에 문을 연 쇼핑몰(몰은 쇼핑센터 안에 풀이나 나무를 심고 분수 등을 갖춘 공간이나 통로를 뜻함)이자 100미터 높이의 전망대, 볼링장, 영화관 등을 두루 갖춘 문화 공간이에요.

🇦🇪 셰이크 자이드 사원: 1996년 공사를 시작해 2007년에 마무리된 사원으로 아랍에미리트에서 가장 커요. 4만 명이 모여 기도를 올릴 수 있다고 하지요. 기도를 올리는 곳의 카펫은 2년에 걸쳐 카펫 조각 1200~1300장을 이어 붙였다고 해요.

에미리트 궁전 호텔 중심의 풍경 : 앞쪽 건물은 에미리트 궁전 호텔로, 세계적으로 손꼽히는 화려한 호텔이지요.
왼쪽 위의 하얀 건물은 대통령 궁으로 2019년 11월에 완성되었어요.

페라리 공원 : 세계적으로 유명한 자동차 이름을 딴 놀이공원이에요. 중동 최고의 관광지로 뽑히기도 했어요.

요르단
Jordan

📍 수도 | 암만 Amman

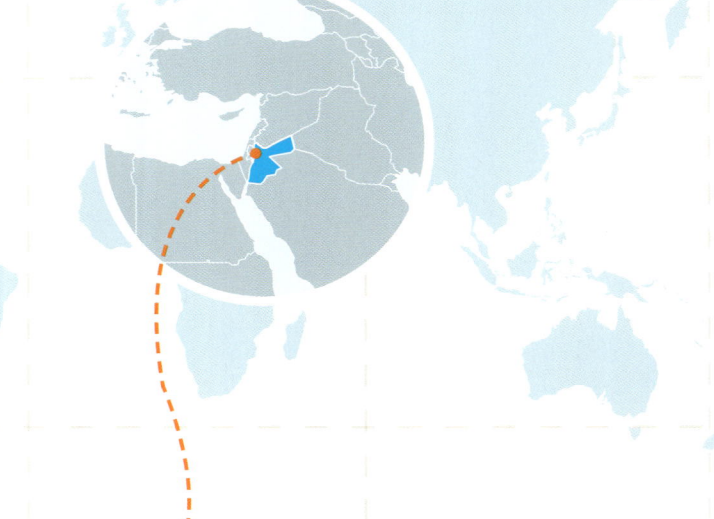

압둘라 사원: 파란색 지붕이 눈길을 끄는 이 사원은 후세인 왕(1999년 사망)이
그의 할아버지 압둘라 1세를 기리기 위해 1989년에 세웠어요.

요르단 북부의 아라비아고원 서쪽 끝 해발 800미터에 자리 잡은 이 도시는 전체 인구의 4분의 1을 차지하고 있습니다. 아주 오래전 암몬 사람들이 이곳을 '라바트 암몬(Rabbath Ammon, '암몬의 수도' 또는 '왕이 사는 암몬'이라는 뜻)'으로 불렀다가 시간이 흐르면서 '암만'으로 바뀌었습니다.

100~200년에 로마는 이곳을 아라비아 반도나 이집트로 가는 근거지로 삼고 로마 군사들과 사람들을 이곳에 살게 했습니다. 로마 사람들은 이 도시에 원형 극장이나 신전, 물을 끌어다 쓸 수 있는 시설, 목욕탕 따위를 지었습니다. 이처럼 고대 유적과 로마 시대의 유적이 많은 이 도시는 이슬람 성지 메카와 기독교 성지 예루살렘으로 가는 순례자들이 잠시 머무는 곳으로도 유명합니다. 요르단강에서 예수님이 세례를 받았다는 곳까지 자동차로 45분 정도 걸립니다.

국가 핵심 산업의 중심지로 모습을 갖추어 가는 압달리

720년에 지은 우마이야드 궁전

박물관이 두 곳 있는 로마 시대의 유적 원형 경기장을 중심으로 펼쳐진 도시 풍경

알 후세이니 사원 : 1924년에 지은 이 사원은 이슬람교를 믿지 않으면 들어갈 수 없다고 해요.

시장 주변의 거리

이라크
Iraq

수도 | 바그다드 Baghdad

바그다드

17 라마단 사원(왼쪽)을 중심으로 펼쳐진 바그다드 거리 풍경

아랍 국가에서 두 번째로 큰 도시입니다. 티그리스강이 흐르는 이 도시는 8세기에 아바스 왕조의 수도가 되었고, 이슬람 세계의 문화, 상업과 지식의 중심지로 발전했습니다. 1258년 몽골의 침입을 시작으로 잦은 외세의 침략과 정치적 불안정에 따른 여러 차례의 반란, 종족 간의 갈등, 8년간에 걸친 이란과의 전쟁, 미국과의 걸프전 등으로 이 도시의 아랍 이슬람 문화 유산이 엄청나게 파괴되었습니다. 폐허 속에서도 1227년 칼리프(정치와 종교의 권력을 아울러 갖는 이슬람 교단의 지배자. 칼리파라고도 함) 알 무스탄시르가 세운 종합대학 '무스탄시리야 마드라사'와 아바스 왕조 시대의 궁이 남아 있습니다. 지은 지 수백 년이 넘는 사원도 많으며, 영국의 통치에서 벗어나 독립을 이룬 이라크 왕국(1932~1958년)의 국왕 파이살 1세를 비롯해 가지 왕, 파이살 2세 등 왕가의 유해가 있는 왕립 묘지(왕릉)도 있습니다. 도시 이름은 '신의 선물', '평화의 도시'라는 뜻이라고 합니다.

▮ 승리의 손: 정식 이름은 '카디시야의 검.' 1986년 자우라 공원에 광장을 만들면서 세운 개선문이지요.

▮ 무스탄시리야 마드라사 안뜰: 1227년에 세워진 이 학교는 의학, 수학, 문학, 문법, 철학과 이슬람 종교 연구를 포함하여 여러 분야를 가르치는 교육기관이에요. 현재 이라크에서 가장 큰 대학교이며, 아랍에서는 두 번째로 크지요.

라마단을 준비하는 상점: 1년이 354일인 이슬람력의 9번째 달 첫날에 라마단이 시작되면 약 한 달 동안 12세 이상의 건강한 사람들은 해가 뜨고 질 때까지 음식을 먹거나 마시지 못해요. 이 기간이 끝난 다음날부터 '이드 알 피트르'라는 축제가 3일간 열려 맛있는 음식과 선물을 주고받는대요.

이라크 문화 기념물: 이라크의 유명한 조각가 무함마드 가니 히크마트의 작품으로 '이라크 문화를 지키려는' 의지를 표현했다고 해요.

티그리스강: 튀르키예에서 시작하는 강으로 길이는 약 1,900킬로미터예요.

아바스 왕조 궁전: 아바스 왕조(750~1258년) 시기인 775년쯤에 세워진 가장 오래된 궁전이에요. 바그다드 남쪽에서 약 180킬로미터 떨어진 사막에 있지요.

밀라드 타워와 도시 풍경: 엘부르즈산맥을 배경으로 우뚝 서 있는 이 탑은 2008년에 완성된 435미터 전파탑이에요.
'밀라드'는 '탄생'을 뜻하며, 세계에서 여섯 번째로 높은 전파탑이지요.

이란의 정치·경제·문화의 중심지로 이란 산업의 절반 이상이 이 도시에 집중되어 있습니다. 엘부르즈산맥 기슭의 해발 1,200미터에 자리 잡고 있으며 이란과 서아시아에서 가장 인구가 많은 도시입니다. 1786년 카자르 왕조가 수도로 정했습니다. 도시 이름은 '끝 또는 바닥의 경사'를 뜻하는 페르시아어에서 비롯되었다고 합니다.

1977년 6월 테헤란시와 서울특별시는 자매결연을 기념하여 두 나라의 수도 이름을 따서 각각 거리 이름을 붙이기로 했습니다. 서울 강남의 삼릉로를 '테헤란로'로 바꾸었으며, 테헤란시 북부의 바나크 지역에 곧게 뻗은 도로는 '서울로(Seoul Street)'로 바뀌었습니다. 이 서울로 남쪽 끝에는 2003년에 문을 연 '서울공원(Seoul Park)'도 있습니다.

🇮🇷 이맘자데 살레 사원 : 이슬람 사원이 그렇듯, 남성과 여성의 기도실이 나뉘어 있어요.
사원 안에 수많은 거울 조각들로 꾸며 놓아 '거울 사원'이라고도 해요.

🇮🇷 타비아트 다리 : '자연'을 뜻하는 이름에서 알 수 있듯이 자연환경과 잘 어우러진 다리예요.
2014년 10월에 완성된 이 다리 길이는 270미터로 테헤란에서 가장 큰 육교라고 해요.

아자디 타워: 이란 건국 2500주년을 기념하기 위해 1971년에 완성되었어요. 그때는 '왕의 기념관'으로 불렸지만, 1979년 이슬람 혁명 이후 '아자드(자유)'라는 이름으로 바뀌었지요.

역사가 깊은 그랜드 바자르예요. 바자르는 시장을 뜻하지요.

골레스탄 궁전: 원래는 진흙 벽으로 둘러싸인 요새였는데 1786년 테헤란을 수도로 정하면서 이곳에 궁전, 정원 등을 꾸몄지요. 지금은 역사, 인류 고고학 등 모두 일곱 전시관을 갖춘 박물관으로 바뀌었어요.(2007년 유네스코 세계유산 등록)

쭉쭉 뻗은 고속도로 주변의 밤 풍경

이스라엘
Israel

수도 | 예루살렘 Jerusalem

예루살렘

바위 돔 사원: 이슬람교의 위대함을 보여 주려고 691년에 완성된 사원이에요. 이슬람 사원 가운데 가장 오래되었다고 하지요. 지붕이 황금으로 되어 있어 '황금 사원'이라고도 해요.

이스라엘 중심부의 지중해 연안 평야와 요르단강으로 이어지는 계곡에 둘러싸여 있으며, 세계 3대 유일신 종교인 기독교·유대교·이슬람교의 성지입니다. 기원전 14세기 고대 이집트는 이곳을 '우루살림(Urusalim)'이라고 이름 붙였으며, 기원전 8세기에 유다 왕국의 종교와 행정 중심지로 발전했습니다. 2천여 년 전 로마의 식민지가 된 이후로 이 지역은 이슬람 도시가 되었고, 이곳에 팔레스타인 사람들이 살게 되었습니다. 1948년, 전 세계로 흩어졌던 유대 민족은 이 지역에 사는 팔레스타인 사람들을 몰아내고 이스라엘을 세웠습니다. 이후 이 도시는 동과 서로 분리되었으나 1967년 3차 중동전쟁을 거치면서 이스라엘이 요르단에 속한 동예루살렘을 차지했습니다. 1977년 이스라엘은 수도를 텔아비브에서 예루살렘으로 옮겼지만, 국제 사회는 이를 인정하지 않고 있습니다. 예루살렘은 히브리어로 '평화의 도시'를, 아랍어 이름인 알 쿠드스는 '신성한 도시'를 뜻한다고 합니다.

❦ 다윗 탑: 예루살렘 서쪽에 있는 고대 요새의 탑이에요.
지금은 예루살렘의 역사를 볼 수 있는 박물관으로, 안뜰에는 2,700년 전의 유적지가 있지요.

❦ 다마스쿠스 문: 예루살렘 옛 시가지를 둘러싸고 있는 성벽은 1537년부터 1541년까지 지금의 모습으로 지어졌어요. 당시 성벽에 문을 여섯 군데 내었지만 그 전에 벽으로 메워진 오래된 성문도 있대요. 문마다 이름이 있고, 그 가운데 다마스쿠스 문은 옛 시가지 어느 곳이든 갈 수 있는 통로라고 해요.
옛 시가지는 이슬람교인, 기독교인, 아르메니아인, 유대인 지역으로 나뉘지요.(옛 시가지와 예루살렘 성벽은 1981년 유네스코 세계유산으로 등록)

마하네 예후다 전통 시장: 1887년에 문을 연 시장이에요.

1859~1860년 예루살렘의 옛 시가지 성 밖에 마련된 최초의 유대인 지역이에요.

도로 위 철로를 오가는 예루살렘 경전철은 노선이 하나예요.

쿠웨이트
Kuwait

수도 | 쿠웨이트시티 Kuwait City

쿠웨이트시티

쿠웨이트 타워와 도시 풍경 : 쿠웨이트 타워는 세 개의 탑으로 이루어졌어요.
첫 번째 탑은 높이 187미터로 음식점과 물을 공급하는 시설이 있으며, 높이 123미터에 빙빙 도는 원형 전망대도 있지요.
두 번째 탑은 높이 145.8미터로 물을 공급하는 탑이고, 세 번째 탑은 전력 공급을 조절해요.

이 도시는 쿠웨이트만에 자리 잡은 자그마한 어촌이었습니다. 차츰 시리아의 알레포, 오만의 무스카트, 이라크의 바그다드와의 인도 무역 길이 되면서 18세기 무렵에 이르러 상업 중심지가 되었습니다. 쿠웨이트 인구의 90퍼센트 이상이 쿠웨이트만 해안 지역에서 살고 있습니다. 오랫동안 오스만 제국의 지배를 받았고, 이후 영국의 식민지에서 벗어나 1961년에 독립했습니다. 석유 매장량이 세계 6위인 쿠웨이트는 지대가 낮은 편이며, 가장 높은 곳이 해발 306미터라고 합니다(참고로 우리나라 남산은 해발 262미터, 북한산이 835미터). 이름은 '물가에 지은 요새'라는 뜻입니다. 물이 귀한 곳이라 물을 저장하고 보내기 위해 탑 모양(버섯 모양)으로 물 저장소를 설치한 급수탑 다섯 모둠이 있습니다.

🇰🇼 쿠웨이트의 JACC : 2016년에 완성된 건물들의 정식 이름은 '셰이크 자베르 알 아흐마드 문화 센터'예요. 보통 '쿠웨이트 오페라 하우스'로 알려졌지요. 중동에서 가장 큰 문화 센터라고 해요.

🇰🇼 쿠웨이트 워터 타워 : 1976년에 완성된 급수탑이에요. 높이는 35~40미터로, 다섯 모둠에 모두 31개지요. 담수 시설에서 바닷물의 염분을 없앤 물로 채워진대요. 생김새가 버섯을 닮아 '버섯탑'이라고도 해요.

도시를 향해 낙타에 짐을 싣고 사막을 걷고 있어요.

세이프 궁전: 1910년에 지은 이 궁전은 파란색 타일로 바탕을 메우고 지붕을 순금으로 입힌 시계탑이 유명하지요.

튀르키예(터키)
Türkiye

수도 | 앙카라 Ankara

코자테페 사원 : 앙카라에서 가장 크고 아름다운 사원(왼쪽 가운데)으로 1967년 공사를 시작해서 1987년 마무리되었대요.

앙카라는 튀르키예('튀르크 사람들의 땅'이라는 뜻)에서 이스탄불에 이어 두 번째로 큰 도시입니다. 13세기 말 오스만 1세가 셀주크 제국을 무너뜨리고 세운 오스만 제국이 1922년에 멸망하고 1923년 튀르키예 공화국이 세워지자 이스탄불을 대신하여 수도가 되었습니다.

이곳은 로마·비잔틴·오스만 양식의 옛 건물이 많고 도로가 좁은 옛 시가지 울루스('국가'라는 뜻)와 현대식 건물이 들어서 있는 새 시가지 예니셰히르(새로운 도시)로 나뉩니다. 도시 이름은 그리스어 '앙쿠라(ankura, 배의 닻)'에서 비롯되었다고 합니다. '앙고라 고양이', '앙고라 양', '앙고라 토끼'는 모두 앙카라가 고향입니다.

🔖 아타튀르크 묘역: 튀르키예 공화국을 세운 초대 대통령 아타튀르크의 유품과 관련 자료가 전시되어 있어요.

🔖 앙카라 성: 시내가 내려다보이는 언덕 위에 있어요. 로마 시대의 성을 본떠 지었으며 성벽이 두 겹으로 되어 있지요.

아타쿨레: 아타는 튀르키예 초대 대통령을 친근하게 부르는 이름으로 '아버지'를, 쿨레는 '탑'을 뜻해요. 쇼핑몰과 연결되어 있지요.

크즐라이 윅셀 거리에 있는 '인권 기념물'로 세계 인권 선언문을 읽는 여성의 모습을 표현했다고 해요. 많은 사람들이 즐겨 찾는 곳이지요.

겐치리크 공원과 멜리케 하룬 사원: 1943년 5월 19일 '청소년의 날'에 문을 연 이 공원은 원래 늪지대였다고 해요. 멜리케 하룬(뒤쪽)은 14세기 술탄의 딸 이름으로, 2017년 9월에 완성된 사원이에요.

4.
아시아
ASIA

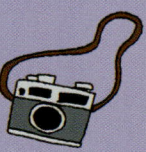

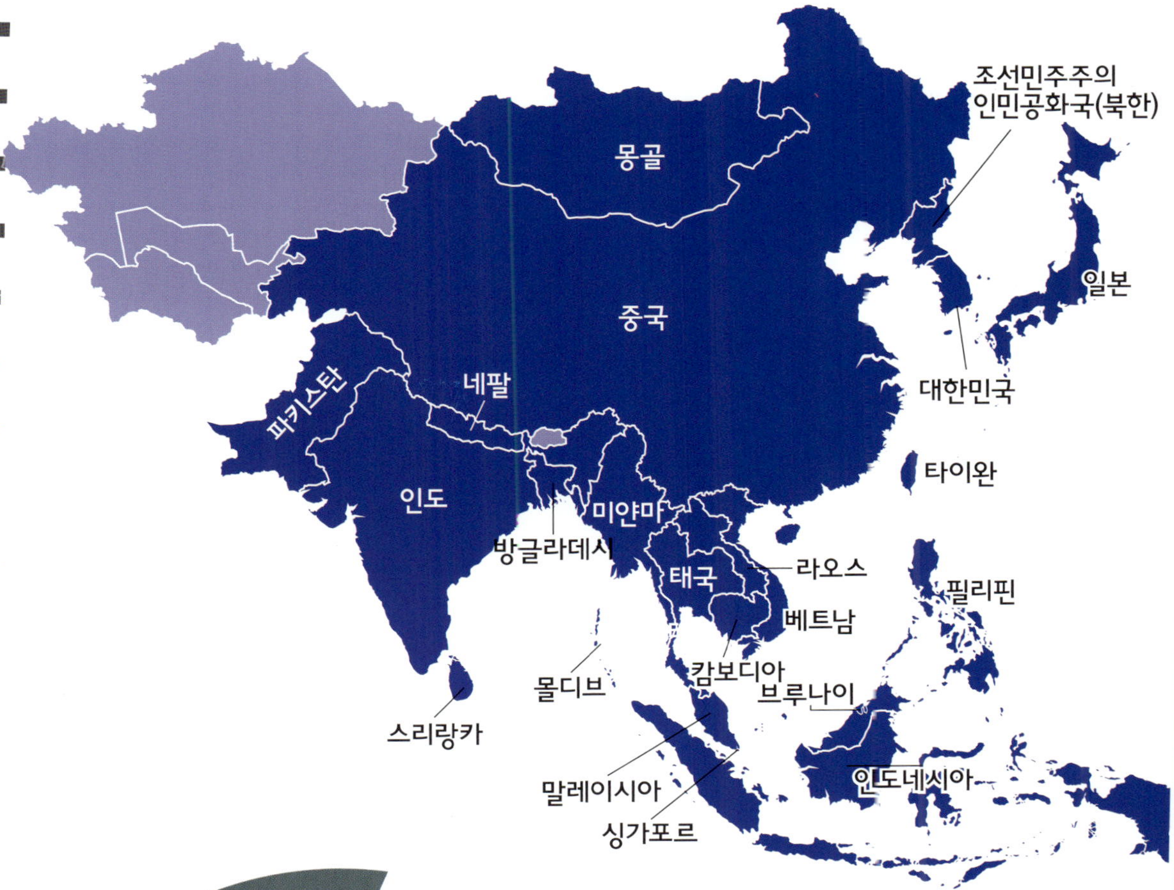
조선민주주의
인민공화국(북한)
몽골
일본
중국
대한민국
네팔
파키스탄
타이완
인도
미얀마
방글라데시
라오스
태국
필리핀
베트남
몰디브
캄보디아
브루나이
스리랑카
말레이시아
인도네시아
싱가포르

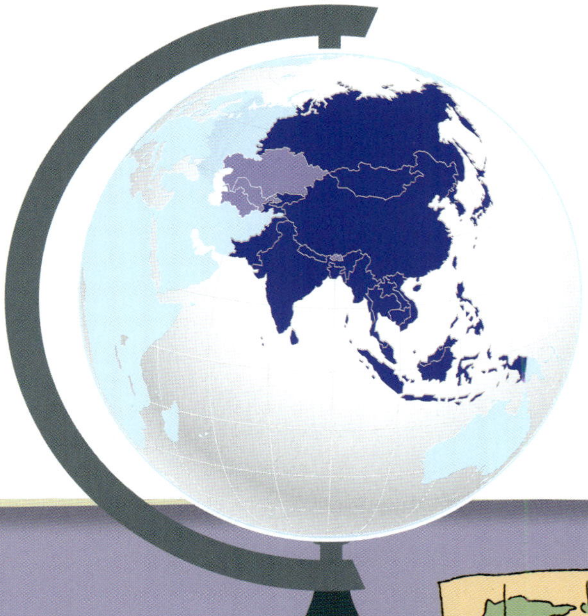

네팔
Nepal

📍 **수도** | 카트만두 Kathmandu

구름을 뚫고 햇살이 비치는 해질녘의 카트만두 풍경

　　산들이 주위를 에워싼 네팔 중부, 그릇 모양의 분지 한가운데 해발 약 1,400미터에 자리 잡고 있습니다. 옛 이름은 '칸티푸르'이며 '빛의 도시'라는 뜻입니다. 지금의 이름은 1596년 말라 왕조 시대에 나무 한 그루로 지은 목조 사원에서 비롯되었습니다('카트'는 나무, '만디르'는 사원 또는 건축물이라는 뜻). 시내 한가운데 있던 이 사원으로 추정되는 건물이 2015년 지진으로 무너져 내렸다고 합니다.

　　1768년에 들어선 샤 왕조는 나라 이름을 네팔, 수도를 카트만두로 삼아 지금까지 이어져 오고 있습니다. 이 도시는 네팔에서 히말라야로 향하는 길목이지만, 2015년 지진으로 유적지가 많이 훼손되었습니다.

🚩 **부다나트**: 카트만두 계곡에 있는 높이 36미터 불탑으로, 오랜 세월 동안 티베트 상인들이 이곳에서 쉬면서 기도를 드렸대요. 티베트 불교의 대표적인 성지라고 해요.

🚩 **파슈파티나트 사원**: 카트만두 북동쪽 바그마티 강변에 있는 유명한 힌두교 사원이에요. 파슈는 '생명체', 파티는 '존엄한 존재'라는 뜻이지요. 이곳은 강둑에 늘어선 화장터로, 힌두교인들이 이곳에서 죽음을 맞이한 뒤 화장된다고 해요.

더르바르 광장: 더르바르는 '왕궁'을 뜻하므로 왕궁 앞 광장이지요.
이곳을 포함해 왕궁 광장 세 곳과 부다나트 사원을 포함한 사원 세 곳이 있는 카트만두 계곡은 1979년 유네스코 세계유산에 등록되었어요.

하누만 도카: 힌두교의 원숭이 수호신인 '하누만'에서 비롯되었다고 해요. 도카는 '문'을 뜻해요.
왕족이 거주했던 공간이지만, 지금은 역대 왕들의 사진과 자료를 전시하는 박물관이에요.

대한민국(남한)
Korea / South Korea

📍 **수도** | 서울 Seoul

롯데월드타워 중심으로 펼쳐진 풍경: 롯데월드타워는 2009년에 짓기 시작해서 2016년 12월에 마무리한 뒤 2017년 4월 3일에 문을 연 복합 건물이에요. 바깥으로 낸 유리창이 무려 4만 2000장이며, 지상 123층, 높이 555미터로 세계에서 다섯 번째로 높지요.

한강을 사이에 두고 남북으로 펼쳐져 있는 이곳에 기름진 땅을 중심으로 6000년 전부터 사람들이 살기 시작했습니다. 삼국 시대의 백제는 한강 하류로 추정되는 지역에 도읍을 정하면서 나라를 열었습니다. 14세기 말 조선의 건국과 더불어 수도로 건설된 이후 600여 년이 흐른 지금에 이르기까지 오랜 세월 우리나라의 수도입니다.

조선 시대에는 한양·한성으로 불리다가 일제 강점기에 경성으로 이름이 바뀌기도 했습니다. 해방 후 1945년 지금의 '서울'로 이름이 바뀌었고, 1948년 정부 수립과 함께 다시 수도가 되었습니다. 서울이란 신라의 수도 경주를 '서라벌' 또는 '서벌'이라고 부른 데서 비롯된 순 우리말입니다. 서울은 대한민국의 수도이자 수도를 가리키는 낱말이기도 합니다.

🇰🇷 남산서울타워가 보이는 아름다운 밤 풍경: 1975년 7월 말에 완성된 전파탑이에요. 전체 탑 높이는 236.7미터이지요. 참고로 러시아 모스크바에 있는 전파탑 오스탄키노 타워는 540미터, 일본 도쿄의 스카이트리는 634미터예요.

🇰🇷 북악산 자락의 경복궁과 청와대: 경복궁은 조선 시대 5대 궁궐 중 첫째 궁궐이에요. 이름에 '큰 복을 누린다'는 뜻이 담겨 있지요. 대통령이 생활하는 청와대(오른쪽 뒤)는 정부 수립 후 1960년 8월까지 '경무대(景武台)'로 불리다가 그해 8월 13일 제4대 윤보선 대통령이 머물면서 지금의 이름으로 바뀌었어요. 본관 건물이 푸른색 기와로 이어져 있는 것에서 비롯되었지요.

덕수궁의 가을 풍경: 임진왜란 이후 선조가 임시로 머문 정릉동 행궁이 광해군 때 경운궁으로 바뀌었어요. 이후 1907년 순종에게 왕위를 물려준 고종이 이곳에 머물렀지요. 고종의 '장수(오래 삶)'를 기원한다는 뜻으로 이름이 덕수궁으로 바뀌었어요.

 # 조선민주주의인민공화국(북한)
Democratic People's Republic of Korea / North Korea

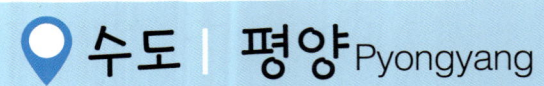 📍 **수도** | **평양** Pyongyang

평양

대동강 주변 풍경: 우리나라에서 다섯 번째로 긴 강이지요. 이 강은 여러 이름으로 불리다가 고려 시대 이후 지금의 이름으로 불렸어요. '여러 물줄기가 모여 흐르는 강'이라는 뜻이래요.

한반도 서북부에 자리하고 있으며, 기원전 2333년 건국된 고조선 이후 고구려의 도읍지로 역사가 깊습니다. 고려 시대에는 서경으로 불렸습니다. 지금은 북한(정식 이름: 조선민주주의인민공화국)의 정치·경제·문화·행정·교육의 중심지로 평양특별시가 되었습니다. 도시 이름은 '평평한 땅'이라는 뜻입니다. 북한 최대 종합공업지대인 평양공업지구의 핵심 지역으로 중공업과 경공업이 함께 발달되었으며, 남포직할시·사리원시 등과 대도시권으로 연결된 북한 최대의 소비지입니다.

🎗 평양 지하철도: 모두 3개 노선인 평양 지하철은 1973년 9월에 처음 운행되었지요.

🎗 시내 풍경: 가운데 저 멀리 피라미드 모양으로 뾰족한 건물은 류경호텔로 105층 건물이지요.

대동강 주변의 밤 풍경: 오른쪽에 솟아 있는 탑은 '주체탑'이라고 해요.

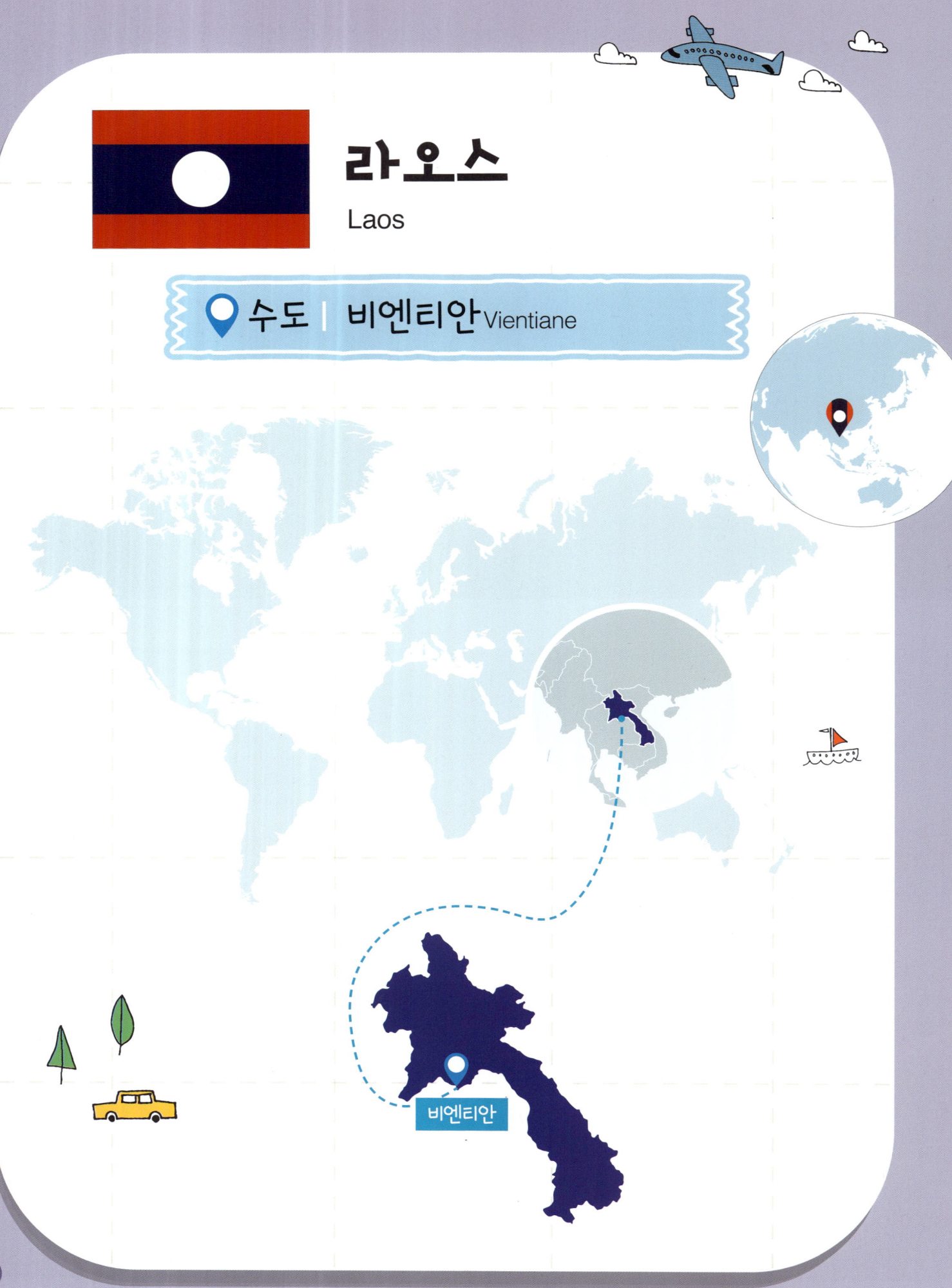

파투사이: 프랑스와의 독립 전쟁에서 희생된 사람들을 기리기 위해 세운 기념물이에요.
파투는 '승리', 사이는 '문'이라는 뜻으로 '승리의 문'이지요. 1957년부터 짓기 시작해 1968년에 완성되었어요.

　　메콩강 북동쪽 평야에 자리 잡고 있으며 강을 이용한 물길(수상) 교통에 크게 의존하고 있습니다. 이 도시는 1563년에 란상 왕국의 세타티랏 왕이 수도로 선언했습니다. 이후 프랑스가 통치하는 동안 이곳은 행정 구역상의 수도였고 독립한 후에도 라오스의 경제 수도가 되었습니다. 라오스의 최대 평야인 비엔티안 평야를 끼고 있어 이 도시를 비롯한 주변 지역에서 쌀을 많이 재배하고 있습니다. 라오스의 경제 중심지이기도 합니다.

　　프랑스어로 표기한 수도 이름은 '단향(檀香, Snadalwood)의 계곡'을 뜻하며, 라오스어로는 '위앙짠(Wiang chan)'이라고 합니다. 이 도시에는 많은 사원과 불교 유물이 있습니다.

📍 부처 공원(붓다 공원): 1958년 불교와 힌두교에 관심이 깊었던 조각가가 세운 공원이지요.
생김새와 자세가 아주 다양한 200여 개의 불상과 힌두신들의 조각상이 있어요.

📍 상점들이 늘어선 옛 시가지 거리

파탓루앙 사원: '황금 사원'이라고도 하며, 16세기에 세워졌어요. 부처님의 머리카락과 가슴뼈가 보관되어 있다고 하지요. 라오스에서 가장 중요하게 여기는 국가 기념물이에요.

파탓루앙 사원 안에 누워 있는 부처상(와불)이에요.

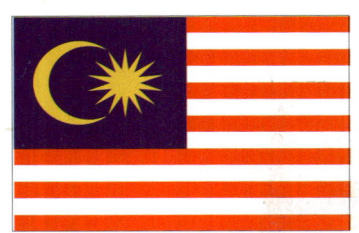

말레이시아
Malaysia

📍 수도 | 쿠알라룸푸르 Kuala Lumpur

쿠알라룸푸르

왕궁: 국왕(군주)이 있고, 실제 나랏일은 수상이 처리하는 입헌 군주국이에요.
이슬람 국가인 이 나라는 아홉 개 주의 술탄이 5년마다 돌아가며 국왕을 맡는다고 해요.

말레이 반도 서해안 중부의 클랑강과 곰박강의 물줄기가 합쳐지는 산림 지대에 자리 잡고 있습니다. 1840년대 중국 광부들이 주석을 채굴하려고 이곳으로 몰려들기 시작한 뒤로 사람들이 점점 늘어나 마침내 1857년 마을을 이루었습니다. 주석 광산의 채굴권을 둘러싸고 부족 사이에 다툼이 벌어지기도 했습니다. 1896년 말레이 연방이 들어서면서 수도가 되었고, 1963년 나라 이름이 말레이시아로 바뀐 뒤에도 변함없이 수도의 지위를 지켰습니다.

1999년 수도가 혼잡해지자 말레이시아의 행정부는 푸트라자야(Putrajaya)로 옮겼지만 말레이시아 국왕의 왕궁, 국회 그리고 사법부의 일부는 여전히 이 도시에 남아 있습니다. 도시의 이름에서 쿠알라(Kuala)는 '두 강이 만나는 지점'을, 룸푸르(Lumpur)는 '흙탕물'이라는 뜻이라고 합니다.

바투 동굴 입구: 1878년에 처음 알려진 석회암 동굴이에요. 1891년 힌두교 사원을 세웠고, 동굴 입구 동상은 힌두교의 신 무루간이에요.

페트로나스 트윈 타워와 시내 중심 풍경: 뾰족한 탑 모양의 쌍둥이 빌딩은 1992년 한국 건설회사와 일본 건설회사가 하나씩 나눠서 짓기 시작해 1998년에 완성되었지요. 전체 88층으로 41층과 42층에 두 건물을 연결하는 다리가 있어요.

푸트라 사원: 새로운 행정 수도 푸트라자야에 1997년 짓기 시작하여 2년 만에 완성된 이슬람 사원이에요. 뒤로 보이는 초록색 지붕의 건물은 '페르다나 푸트라'로 수상이 머무는 곳이지요.

몰디브
Maldives

📍 **수도** | 말레 Male

몰디브에서 가장 큰 섬이지요. 몰디브란 이름도 '말레의 섬들'을 뜻한다고 해요.

몰디브 공화국의 수도이자 섬의 이름입니다. 1,190여 개의 작은 산호섬과 26개 환초(고리 모양으로 산호초가 둘러싼 형태)로만 이루어진 몰디브에서 사람이 사는 200개 섬들 가운데 사람들이 가장 많이 살고 있습니다. 인도와 스리랑카에서 사람들이 건너와 살기 시작했고, 12세기 무렵에는 아랍인들과의 교역이 활발해지면서 이슬람교가 전파되어 전 주민이 이를 믿게 되었습니다. 도시 이름은 산스크리트어 '마하라이(Mahaalay. '위대한 집', 곧 왕궁을 뜻함)'에서 비롯되었다고 합니다. '인도양의 진주'라고 불리는 몰디브는 해발이 평균 2.5미터 안팎인데, 지구 온난화로 해마다 섬이 가라앉는다고 합니다.

후쿠루 미스키 : 1658년에 세워졌으며, 몰디브에서 가장 오래된 사원이에요.
돌산호를 벽돌로 만들어 지은 독특한 사원으로 유명하지요.(2008년 유네스코 세계유산에 등록)

시내 중심가에 있는 정부 청사와 공화국 광장

환초 섬인 북 말레 아톨에는 관광지로 인기가 많아요.

쓰나미 추모탑: 2004년 12월에 밀려온 쓰나미 피해자를 추모하는 조형물이에요. 108개의 강철 막대는 당시 목숨을 잃은 사람의 수이고 길이가 각각 다른 것은 다양한 연령(나이)대를 가리키며, 나선으로 감아 오르는 둥근 공은 몰디브의 스무 섬을 가리킨다고 해요.

몽골
Mongolia

수도 | 울란바토르 Ulaanbaatar

툴강이 흐르는 해발 1,300미터 고원의 도시 풍경이에요.

구석기 시대부터 사람들이 살았던 이 도시는 몽골 제국의 영토로, 당시의 왕릉과 유물이 발견되기도 했습니다. 원래 이곳은 계절 따라 옮겨 다녔던 몽골 군주의 유르트(몽골·시베리아 유목민들의 전통 텐트, '게르'라고도 함) 궁전이었지만, 1639년 유르트 수도원이 세워지면서 라마교의 본산으로 발전했습니다. 1778년 지금의 위치인 툴강과 셀베강이 만나는 곳에 완전히 자리 잡았습니다.

이전까지 이 도시는 여러 이름으로 불렸습니다. 중국에서는 성벽을 뜻하는 '쿠룬'이라 했고, 유럽 사람들은 '우르가'라고 했습니다. 1924년 몽골 인민공화국의 수도가 되면서 현재의 이름으로 바뀌었습니다. 이름은 '붉은 영웅의 도시'라는 뜻입니다.

▸ 칭기즈칸 기마상: 몽골 제국을 세운 칭기즈칸은 '위대한 군주'라는 뜻이에요.
2008년에 완성된 이 동상은 높이가 40미터로 지금까지의 기마상 가운데 가장 높다고 해요.
몽골 관광 센터이기도 하여 말 머리까지 올라가면 전체 풍경을 볼 수 있다고 하지요.

▸ 고르키-테렐지 국립공원: 기이하고 멋진 바위와 드넓은 초원 그리고 몽골 유목민의 생활을 접할 수 있는 공원이에요.

칭기즈칸 광장 또는 수흐바타르 광장: 앞에 보이는 청동 기마상은 몽골 인민당의 창립자이자 몽골의 독립을 이끈 '담딘 수흐바타르'이에요. 1954년 이곳에 그의 묘소가 꾸려지면서 광장에 그의 이름을 붙였지요. 민주당이 집권하면 칭기즈칸 광장으로, 몽골 인민당이 집권하면 수흐바타르 광장이라고 이름이 바뀌지만 국민들은 두 이름을 함께 부른대요. 뒤에 보이는 건물은 국회 의사당이에요.

자이산 기념비: 제2차 세계대전에서 목숨을 잃은 몽골인과 소련군을 기리기 위한 곳이에요. 둥그렇게 둘러싼 벽화에는 소련군의 여러 승리 장면이 묘사되어 있지요. 울란바토르를 한눈에 바라볼 수 있어 인기가 높다고 해요.

미얀마
Myanmar

수도 | 네피도 Naypyidaw

해안에서 멀리 떨어져 있어 항구 도시인 양곤보다
수도로서 지리적 위치가 더 좋은 것으로 평가받고 있다고 해요.

역사가 짧은 이 도시는 오래전부터 수도였던 양곤에서 북쪽으로 약 320킬로미터 떨어진 나무가 우거진 곳이었습니다. 공식적으로 2005년 11월 6일 미얀마의 행정 수도로 선정되었습니다. 이 도시의 이름은 미얀마어로 '왕의 도시' 또는 '왕이 사는 곳'을 뜻합니다.

2002년에 도시 건설을 시작하여 2012년에 완성되었습니다. 연방 의회, 대법원, 대통령궁, 군사 본부 등 대부분의 정부 부서들이 이곳으로 옮겨 왔습니다.

🚩 우파타산티 파고다: 파고다는 '부처님의 사리나 유골을 모시거나 부처님의 덕을 기리기 위하여 세운 건축물'을 가리켜요. 양곤에 있는 쉐다곤 파고다를 그대로 본떴지만, 양곤의 탑보다 높이가 30센티미터 낮은 99미터이지요.

🚩 우파타산티 파고다 사원: 우파타산티는 '재난에서 보호'라는 뜻이에요.

벼를 거둬들이는 농민 : 미얀마는 국민의 3분의 1이 벼농사를 짓는다고 해요.

외교 구역에 자리 잡은 국회 의사당

방글라데시
Bangladesh

📍 **수도** | 다카 Dhaka

갠지스강의 지류인 부리강가강과 접해 있는 이곳은
옛 시가지(올드디카)와 영국 식민시대 이후 번영한 새 시가지로 나뉘어요.

　방글라데시에서 가장 큰 도시로 경제·정치·문화 중심지입니다. 이 도시는 17세기 남아시아의 무굴 제국(16세기 전반에서 19세기 중엽까지 인도 지역을 통치한 이슬람 왕조)의 수도이자 상업 중심지로 유명했으며, 무굴 제국의 정원, 묘지, 사원, 궁전과 요새가 남아 있습니다. 1947년 인도에서 떨어져 나와 독립한 동파키스탄의 정치·경제·문화 중심지로, 1971년 방글라데시로 독립한 뒤에는 수도가 되었습니다.

　시내에는 모스크(이슬람 사원)가 700곳 이상 있어서 '사원(모스크)의 도시'로 알려졌습니다. 40만 대의 사이클-릭샤가 매일 거리를 누비고 다녀 릭샤의 도시로 유명합니다. 도시 이름은 다크(dhak, 콩과나무로 꽃에서 붉은색 염료를 채취함) 나무가 무성하여 붙였다 하고, 여신 다케시와리(Dhakeshwari)에서 따왔다고도 합니다.

📍 국립기념관: 1971년 파키스탄과의 독립 전쟁에서 희생된 사람들을 기리기 위해 세웠다고 해요. 높이는 46미터예요.

📍 랄바그 요새: 1678년부터 짓기 시작했지만 결국 완성되지 못한 요새예요. 오래된 도시 역사 유적 가운데 하나이지요. 이름은 '붉은 정원의 성'이란 뜻이에요.

여러 색깔과 향기로 가득한 옛 시가지의 향신료 시장

사이클-릭샤: '자전거 삼륜차(자전거로 끄는 바퀴가 세 개 달린 수레)'란 뜻이에요. 이곳은 사이클-릭샤의 천국이지요.

아산 만질: 다카를 다스리던 압둘 가니가 아들의 이름을 따서 지었지요. 1859년 짓기 시작해서 1872년에 완성된 궁전으로, 1985년 방글라데시 국립박물관으로 정한 뒤 1992년에 문을 열었어요. 역사적 가치가 매우 높은 건물이라고 해요.

베트남
Vietnam

📍 수도 | 하노이 Hanoi

하노이에서 네 번째로 큰 호앙마이 지구

베트남에서 가장 큰 도시는 호치민(옛 이름 사이공)이지만, 홍강 삼각주의 북서쪽에 자리 잡은 이곳에는 아주 오래전부터 사람들이 살았습니다. 1010년에 베트남 첫 번째 왕조인 리 왕조가 '떠오르는 용'이라는 뜻의 '탕롱'이라는 이름으로 도읍을 삼았습니다. 이후 마지막 왕조인 응우옌 왕조가 1802년 후옌으로 도읍을 옮길 때까지 정치와 문화의 중심지였습니다.

1831년 '강의 안쪽'이라는 뜻의 하노이로 바뀌었고, 1883년 프랑스가 점령하면서 프랑스의 인도차이나 수도가 되었습니다. 제2차 세계대전 후에 독립하여 베트남 민주공화국의 수도가 되었고, 남북으로 분단된 뒤 1954년부터 1976년까지 북베트남의 수도였습니다. 1976년 통일 후에 베트남의 수도가 되었습니다.

⭐ 농라(야자나무 잎으로 만든 모자)를 쓰고 수련이 핀 물길을 따라 노를 젓고 있어요.

⭐ 베트남의 나라꽃인 연꽃으로 장식한 시클로(삼륜차로, 두 바퀴가 앞으로 향해서 움직임)

기차 거리 : '하노이 기찻길 마을'이라고도 해요. 안전 문제로 지금은 사람들이 드나들 수 없다고 하지요(2020년 8월 현재).

하노이 떠이호(서호)의 밤 풍경 : 떠이호의 북쪽 끝자락에 548년에 지은 쩐꿕 사원(진국사)은 하노이에서 가장 오래된 사원이에요. 11층의 파고다가 있는 이 사원은 홍강 기슭에 있었는데 1615년에 홍강이 넘쳐나 지금의 작은 섬으로 옮겨졌고, 작은 둑길로 육지와 연결했지요.

브루나이
Brunei

📍 **수도** | 반다르스리브가완
Bandar Seri Begawan

반다르스리브가완

오마르 알리 사이푸딘 사원에서 바라본 풍경: 이 사원은 1958년 28대 국왕(술탄)의 이름을 따서 지었어요.

보르네오섬 북서쪽에 자리 잡은 브루나이 왕국은 14세기 무렵 왕이 이슬람으로 종교를 정한 뒤부터 술탄 왕국이 되었습니다. 1388년부터 브루나이를 통치하던 영국이 토지를 개발하면서 새 왕궁을 세우기 시작했고, 1920년 사원과 정부 건물들이 이곳에 들어서면서 새로운 수도가 되었습니다. 도시의 이름은 '브루나이 도시 또는 항구'라는 뜻의 '반다르 브루나이'였습니다. 이 도시는 제2차 세계대전 기간에 일본군의 점령과 연합국의 폭격으로 거의 파괴되었습니다. 1950년 술탄 오마르 알리 사이푸딘 3세가 왕위에 올라 도시 건설에 힘을 기울였습니다. 1970년 브루나이의 현대화에 기여한 것을 기념하기 위해 사이푸딘 3세의 칭호인 '스리브가완(Seri Begawan, 위대한 현자)'을 붙여 지금에 이르렀습니다. 브루나이는 1984년 영국에 완전 독립을 이루었습니다.

🇧🇳 술탄 하지 하사날 볼키아 탄생 60주년 기념비 : 현재 29대 국왕으로 1967년 10월 5일 왕위에 올랐어요.

🇧🇳 캄퐁 아예르 : 캄퐁은 '마을', 아예르는 '물'을 뜻하지요. 물 위에 집을 짓고 사는 마을로, 1000년 전에 세워져 왕국의 중심지였다고 해요. 브루나이강을 따라 약 8킬로미터 줄 지어 있지요. 물 위의 집들은 나무로 만든 다리로 서로 연결되어 있어요. 뒤로 오마르 알리 사이푸딘 사원이 보여요.

채소와 과일을 파는 이 시장은 농산물이 싱싱하고 값이 싸기로 유명하대요.

숭아이 크분 다리 : 숭아이는 '강', 크분은 '정원'이란 뜻이래요. 2014년에 공사를 시작해 2017년에 완성된 이 다리는 우리나라와 스위스의 건설회사가 맡았다고 해요. 현재 국왕이 왕위에 오른 지 50주년을 기념하는 다리이지요.

스리랑카
Sri Lanka

수도 | 스리자야와르데네푸라코테
Sri Jayawardenepura Kotte

스리자야와르데네푸라코테

원래 수도였던 콜롬보 남동쪽에 자리 잡고 있는 자그마한 도시로 다야완나 호수를 바라보고 있어요.

스리랑카 서쪽에 자리 잡은 '요새'라는 뜻의 코테(Kotte)는 1372년에서 16세기 말까지 코테 왕국의 수도였습니다. 1391년 자프나 왕국을 점령한 뒤 '스리 자야와르다나(화려한 승리의 도시)'라는 칭호를 얻었습니다. 이후 포르투갈이 점령하면서 수도를 근처 콜롬보(Colombo)로 옮겼습니다. 443년 동안 포르투갈, 네덜란드, 영국의 식민지였다가 1948~1972년까지 영국 연방의 자치령 실론(Ceylon)을 거쳐 1972년에 완전 독립하여 스리랑카 공화국으로 출범했습니다. 1979년 스리랑카 민주사회주의 공화국으로 바꾼 뒤 수도를 콜롬보에서 이곳으로 이전하기로 결정하여 1985년 스리랑카의 공식 행정 수도가 되었습니다. 수도의 정식 이름이 길어서 이 나라 사람들은 줄여서 '코테'라고 부릅니다.

국립전쟁기념관: 콜롬보 구역 바타라물라에 있는 국회 의사당 앞에 자리 잡고 있어요.
제1차 세계대전 이후로 목숨을 잃은 군인과 경찰들을 기리기 위한 기념관이지요.

국회 의사당: 디야완나 호수 한가운데 인공 섬에 1979년부터 짓기 시작해 1982년에 문을 열었어요.

캔디안 댄스: 북 소리에 맞추어 추는 전통 춤이에요.

스리랑카코끼리와 마하우트: 스리랑카코끼리는 귀, 얼굴, 코, 배의 피부색이 바랜 부분이 더 크고 뚜렷해요.
마하우트는 코끼리를 전문적으로 다루는 조련사를 가리켜요.

싱가포르
Singapore

수도 | 싱가포르 Singapore

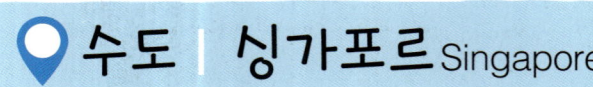
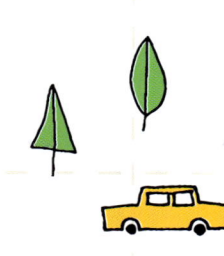

싱가포르

마리나만의 도시 풍경: 앞쪽 곤충 눈처럼 생긴 건물은 2002년에 지은 에스플러네이드 극장으로 온갖 공연들이 열려요. 그 위로 하얀 꽃처럼 보이는 곳은 예술 과학 박물관이에요. 그 뒤로 나란히 서 있는 세 건물은 마리나 베이 샌즈 호텔이지요.

63개의 섬으로 이루어진 섬나라이자 항구 도시로, 이 도시의 이름은 13세기에 '사자(siṃha, lion)의 도시(pura)'라는 뜻으로 붙였습니다. 공원이 많고 거리에 나무들이 늘어서 있어 '정원 도시'라는 별명도 있습니다.

14세기에 무역 항구로 이름을 알렸으며 1819년 영국의 무역 기지가 되었습니다. 제2차 세계대전 동안 일본군에 점령되었다가 1946년 영국의 직할 식민지가 되었고, 1965년에 완전 독립했습니다. 싱가포르 항구는 세계에서 매우 붐비는 항구 중 하나이며, 정유 시설과 금융 산업은 세계에서 각각 3, 4위를 차지합니다. 꾸준하게 간척 사업을 벌여 현재 면적은 서울보다 약간 넓습니다.

뉴턴 푸드 센터: 유명한 식당 거리로, 중국 음식과 인도 음식 등 다양한 음식을 먹을 수 있지요.

차이나타운 불아사(佛牙寺): 미얀마에서 가지고 온 부처님의 치아를 모신 절이라는 뜻이에요.

베이 가든: '해변의 정원'이라는 뜻이에요. 2012년 6월에 문을 연 싱가포르 최대 규모의 인공 정원이지요. 꽃 정원, 잠자리 호수, 구름 숲, 거대한 나무 숲 등 볼거리가 무척 많아요. 마리나 베이 샌즈 호텔로 이어지는 다리도 있지요.

센토사섬 : 싱가포르 남쪽에 있는 섬으로 원래는 해적들의 본거지였대요. 1972년 관광지로 개발되면서 '평화와 고요'를 뜻하는 지금의 이름으로 바뀌었지요. 다양한 볼거리와 놀이동산이 있어 싱가포르 최고의 관광지라고 해요.

인도(인디아)
India

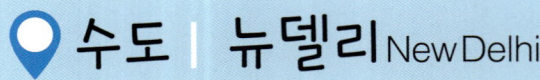
수도 | 뉴델리 New Delhi

뉴델리

아홉 지역으로 이루어진 델리 직할지의 하나인 뉴델리의 밤 풍경

인도 북부 갠지스강의 지류인 야무나강 연안에 자리 잡은 델리 직할지는 올드델리와 새로운 도시 뉴델리와 그 주변 지역을 가리킵니다. 이슬람 여러 왕조들의 수도로 발전을 거듭했던 올드델리에는 이슬람 유적들이 많습니다. 뉴델리는 17세기 영국 식민지 시대의 수도였던 콜카타(Kolkata, 캘커타)를 대신하여 1912년 새 수도로 정해진 뒤 20년에 걸쳐 완성된 계획도시입니다. 가지런한 대각선 도로망을 갖춘 이 도시에는 행정 관청이 들어서 있고, 올드델리는 전통적인 인도 도시의 특색을 간직하고 있습니다. 도시 이름은 기원전 50년에 이곳에 도시를 건설한 왕 딜루(Dhillu 또는 Dilu)의 이름에서 비롯되었다고 합니다.

인디아 문 : 제1차 세계대전에 참전하여 목숨을 잃은 인도 군인들의 넋을 위로하기 위해 세운 문이에요.
1921년에 짓기 시작해 10년 만에 완성되었다고 해요. 뉴델리의 상징물이지요.

대통령 궁과 정부 청사 : 1950년까지 영국 총독이 사용했지만 영국에서 독립한 이후 대통령 궁으로 사용하고 있어요.
그 양 옆의 건물들은 정부 청사예요. 앞 도로는 '사람들의 길'이라고 하는데 이 길 끝에 인디아 문이 있지요.

사람들로 북적이는 시장길 풍경

바하이 사원: 40미터가 넘는 높이에 27장의 거대한 연꽃잎 모양이라 연꽃 사원이라고도 해요. 이슬람교 시아파에 속하는 바하이교의 이 사원에서는 종교나 인종에 상관없이 자기가 원하는 방식대로 기도할 수 있다고 하지요.

인도네시아
Indonesia

📍 **수도** | 자카르타 Jakarta

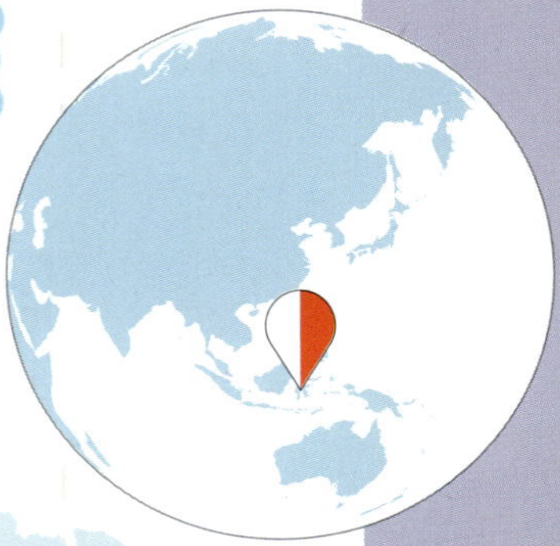

자카르타

'위스마 46'을 중심으로 펼쳐진 풍경: 위스마는 '건물, 복합 단지'를 뜻해요. 1946년에 설립된 '인도네시아 중앙은행(BNI)'의 본부를 비롯해 많은 사람들이 일하고 있지요. 이 건물 지붕은 핀 모양으로 48층(지붕 꼭대기까지 262미터)이며 1996년에 완성되었어요.

인도네시아의 최대 도시이며 자바섬 북서 기슭에 자리 잡고 있습니다. 이 지역에서 자라는 냄새가 강한 과일인 두리안이 많아 '빅 두리안'이라는 별명도 있습니다. 이 도시는 순다 왕국의 중요한 무역항으로 '순다 켈라파(Sunda Kelapa)'라고 불리다가 1527년 '완전한 행동' 또는 '완전한 승리'를 뜻하는 자야카르타(Jayakarta)로 이름이 바뀌었습니다.

작은 항구였던 이곳은 1619년 네덜란드 동인도회사가 무역 기지로 삼으면서 발전하기 시작했고 이름은 바타비아(Batavia)로 바뀌었습니다. 제2차 세계대전이 일어나자 1942년 이곳을 점령한 일본군이 자카르타로 이름을 바꾸어 지금에 이르고 있습니다.

▶ 모나스: '모누문 나시오날(독립 기념탑)'의 줄임말로 네덜란드와의 독립 투쟁을 기념하기 위해 세웠어요.
높이 132미터로, 독립 투쟁의 열정을 나타내는 불꽃 모양의 조형물 아래 전망대가 있어 시내를 한눈에 볼 수 있지요.

▶ 따만 미니 인도네시아 인다: '아름다운 인도네시아의 작은 공원'이란 뜻으로 줄여서 TMI라고 해요.
인도네시아 각 지역의 독특한 집, 결혼과 풍습 등 인도네시아 사람들의 생활과 문화를 한 곳에서 접할 수 있는 민속촌이에요.

도로가 붐비는 시간대에 오토바이와 버스, 택시, 자가용이 뒤엉켜 있어요.

자카르타의 중심지인 멘텡(큰뜸) 지역의 원형 교차로와 밤 풍경

일본(재팬)
Nippon / Japan

📍 수도 | 도쿄 Tokyo

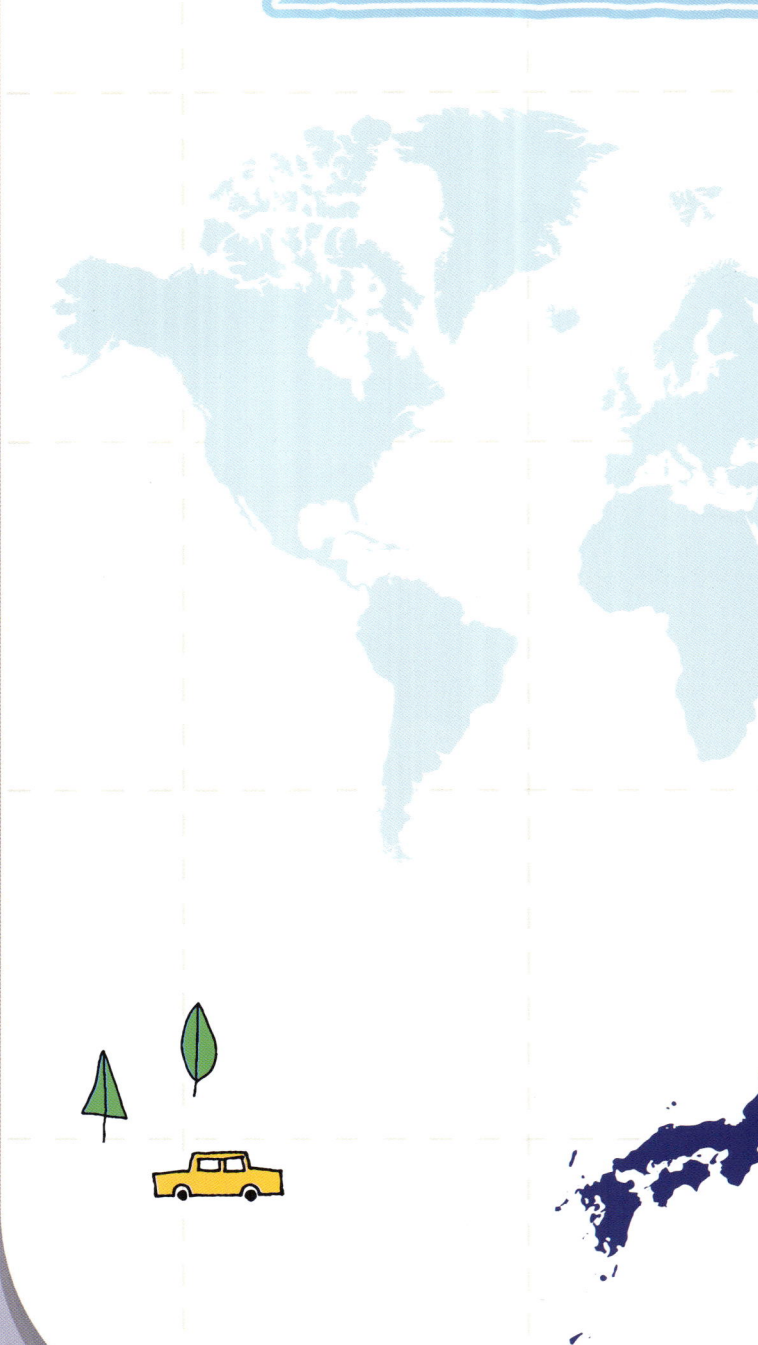

도쿄

후지산을 배경으로 빌딩 숲을 이룬 신주쿠 풍경

일본의 정치·경제 중심지이며 각 정부 기관과 왕이 거처하는 왕궁이 있습니다. 해안에 자리하여 에도(江戶, 강어귀라는 뜻)라 불리던 이 도시는 1603년 도쿠가와 이에야스가 이곳에 막부(幕府, 무인 정부)를 설치하면서 정치의 중심지가 되었습니다.

막부 시대가 막을 내린 뒤 1868년 메이지 천황은 수도를 교토(京都)에서 에도로 옮기면서 이름을 도쿄(東京, 교토 동쪽의 수도)로 바꾸었습니다. 간토 대지진과 제2차 세계대전으로 심하게 훼손되었지만 1950년대부터 도시를 다시 가꾸어 미국의 뉴욕, 영국의 런던과 함께 세계 3대 경제 수도가 되었습니다.

🇯🇵 무지개 다리 : 이 다리는 1987년에 세우기 시작해 1993년에 완성되었어요. 그 뒤로 보이는 뾰족한 철탑은 도쿄 타워로, 파리의 에펠탑을 본떠 1958년 12월에 완성된 전파탑이에요. 전체 높이는 333미터이며, 223미터에 특별 전망대가 있어 도시를 한눈에 볼 수 있지요.

🇯🇵 돌다리와 망루 : 일본 국왕이 살고 있는 궁의 정문과 연결되는 다리예요. 그 뒤로 망루(주위를 살필 수 있게 높이 지은 다락집)가 있지요.

시부야: 도쿄를 대표하는 3대 도심으로 젊은이들의 거리라고 해요. '스크램블 교차로(여러 갈래의 길에 있던 사람들이 신호에 따라 한꺼번에 물밀 듯이 건너는 길)'가 유명하지요.

진보초 거리: 오래된 책들을 파는 서점 거리로 유명해요.

스미다강이 흐르는 도쿄의 해돋이: 오른쪽에 우뚝 솟은 도쿄 스카이트리는 세계에서 가장 높은 전파탑(634미터)이에요. 2012년 5월 문을 열어 새로운 관광지로 유명해졌어요.

중국(차이나)
China

수도 | 베이징 Beijing

베이징

베이징 국제 경기장 중심 풍경 : 2008년 하계 올림픽 개회식과 폐막식, 육상 경기가 열렸지요. 새 둥지와 생김새가 비슷해 중국에서는 '냐오차오(鳥巢)' 경기장이라고도 해요.

중국 북부에 자리 잡은 이 도시는 허베이성으로 둘러싸여 있으며, 동쪽으로 톈진시와 경계를 접하고 있습니다. 3천여 년이라는 오랜 역사를 지녔고, 기원전 1000년경 춘추 전국시대(기원전 770년~기원전 221년)의 연나라 수도인 '계'가 이곳에 세워졌습니다. 이후 금(金, 중도中都)·원(元, 대도大都)·명(明, 경사京師)·청(淸, 경사)나라 등을 거쳐 중화민국 초기의 수도(북평北平)로 800년 동안 정치 중심지였습니다. 역사가 오래된 이 도시에는 자금성, 천안문, 만리장성 등 수많은 유적과 유물들이 있습니다. 1949년 중화인민공화국이 수립되면서 베이징(北京, 북쪽에 있는 수도)이라 이름을 고쳤습니다.

▶ 만리장성 : 고대 진나라(기원전 222년, 시황제) 때 쌓은 성으로, 이미 있는 성벽을 잇고 부족한 부분은 새롭게 지은 성이에요. 이후 여러 왕조를 거치면서 늘이거나 새로 고쳐서 16세기 말에야 비로소 지금의 모습으로 완성되었다고 해요.(1987년 유네스코 세계유산에 등록)

▶ 자금성 : 1406년에 짓기 시작하여 1420년에 완성되었지요. 980개에 이르는 건축물로 이루어진 세계에서 가장 큰 성이에요. 1987년 '명 · 청 시대의 궁궐'로 유네스코 세계유산에 등록되었지요. 지금은 중국 왕조의 유물뿐만 아니라 온갖 진귀한 유물이 있는 '고궁 박물관'으로 바뀌어 많은 사람들이 찾고 있어요.

은하 소호: 소호는 영어의 머리글자를 딴 단어로 '소규모 사무실, 가정 사무실'이에요. 곡선 모양으로 네 개의 구조물이 연결되어 있어요. 우리나라 동대문 디자인 플라자(DDP)를 설계한 건축가 자하 하디드가 설계를 맡았다고 해요.

후통: 1267년 원나라 때 성을 중심으로 곳곳에 나 있는 좁다란 골목길을 가리켜요. 전통 가옥이 많아 중국의 전통 문화를 이해하는 데 중요한 곳이지요. 하지만 베이징 올림픽이 열리기 전 많은 곳들이 저개발에 따라 철거되었다고 해요.

타이완 (대만)
Taiwan

수도 | 타이베이 Táiběi / Taipei

타이베이

단수이강을 따라 그림처럼 펼쳐진 도시 풍경

중국 남동쪽에서 타이완해협을 가로질러 195킬로미터 떨어져 있는 타이완섬의 북쪽 끝에 자리하고 있습니다. 1709년 중국에서 생활이 어려운 한족 이민자들이 이 섬에 오기 전에 말레이계의 원주민들이 살았습니다. 1895년 청일전쟁으로 청나라가 일본에 패하면서 일본의 식민지가 되었고, 일본은 이곳을 식민지 수도로 삼았습니다. 제2차 세계대전에서 패배한 일본이 철수한 뒤 중국에 반환되었습니다. 1949년 중국 본토에서 국민당과 공산당의 전쟁이 벌어졌고, 패배한 국민당이 타이완으로 밀려난 뒤 중화민국의 수도로 삼았습니다. 도시 이름 타이베이(臺北)는 '대만(臺灣, 타이완)의 북쪽'이라는 뜻입니다. 이 도시는 야시장(밤에 열리는 시장)으로 유명합니다.

▎ **타이베이 101**: 국제 금융센터인 이 건물은 101층 건물이데요. 이 건물의 높이는 509.2미터이지요.
밤이 되면 가장 꼭대기는 노란색으로 빛나고, 월요일에 빨간색을 시작으로 일요일에는 보라색으로 일곱 가지 무지갯빛으로 건물을 밝혀요..

▎ **지우펀**: 옛 타이베이현으로, 일본이 통치하던 시기인 1920~1930년대 금을 캐는 광산 마을이었어요.
광산이 문을 닫자 한적한 마을로 바뀌었지요. 1989년 이곳을 배경으로 한 영화가 유명해지면서 관광지로 다시 이름을 떨치게 되었대요.

중정 기념당: 타이완 초대 총통(대통령)인 장개석을 기념하는 곳이에요. 중정은 장개석의 본명이지요.
2007년 '대만 민주기념관'으로 이름이 바뀌면서 기념당 정문 위에 새겨진 '대중지정'을 지우고 '자유광장'을 새겨 넣었어요.
2008년에 기념당 이름은 원래 이름으로 바뀌었지만, 아직도 이 기념당의 이름과 쓰임새를 놓고 의견이 엇갈리고 있대요.

신월교: '초승달 다리'라는 뜻이에요. 2014년에 완성된 이 다리에는 차가 다닐 수 없어요. 걸어서 산책하거나 자전거를 타고 오갈 수 있지요.

캄보디아
Cambodia

📍 **수도** | 프놈펜 Phnom Penh

프놈펜

캄보디아 왕궁과 주변 풍경 : 1866년에 지은 궁으로 이 궁을 지은 뒤 우동에서 프놈펜으로 수도를 옮겼어요.

메콩강과 톤레사프강이 만나는 지점에 자리하고 있습니다. 1372년에 세워진 이 도시는 1432년 앙코르에서 이곳으로 수도를 옮긴 뒤 73년 동안 크메르 왕국의 수도였습니다. 이후 왕국은 여러 곳으로 수도를 옮겼고, 360년이 지난 뒤 1866년 이곳에 왕궁을 짓고 다시 수도로 삼았습니다. 프랑스 통치 시기에 학교, 법원, 의료 시설들과 현대식 건물이 들어섰고, 지금도 프랑스 분위기를 띤 거리가 남아 있습니다. 도시 이름은 펜의 언덕(Penh's Hill)이란 뜻이며, 언덕에 세워진 사원 왓 프놈(Wat Phnom)의 전설에서 비롯되었습니다. 전설에 따르면, 믿음이 깊은 펜 부인이 강을 따라 흘러온 코키(koki) 나무 안에서 불상 네 개를 발견한 뒤 언덕 위에 작은 사원을 지어 이 불상들을 극진하게 모셨는데, 그 사원이 바로 왓 프놈입니다. 시 외곽에는 크메르 루주(1975~1979년 캄보디아의 여당)의 폴 포트가 대량 학살을 벌인 뒤 시체들을 한꺼번에 매장한 킬링필드(Killing Fields)가 있습니다.

🎌 국립박물관: 캄보디아의 문화와 역사 박물관으로, 1917년에 공사를 시작하여 1924년에 완성되었어요.

🎌 독립 기념탑: 1953년 프랑스에서의 독립을 기념하기 위해 1958년에 세웠지요.

🎌 왓 프놈 입구: 1372년에 지은 불교 사원으로 27미터 위에 세워져 있어요. 이곳은 프놈펜의 심장이라고 하지요.

툭툭: 말 대신 오토바이로 수레를 끌면서 사람과 짐을 실어 날라요.

시장 음식: 나뭇가지를 갈라 그 사이에 닭을 끼워 불에 구운 음식이에요.

메콩강 풍경: 세계에서 열두 번째로 긴 강(약 4,020킬로미터)이에요. 중국에서 시작하여 미얀마, 태국, 라오스, 캄보디아, 베트남을 거쳐 남중국해로 흐르지요. 강 이름은 '모든 강의 어머니'라는 뜻이래요.

태국(타일랜드, 타이)
Thailand / Thai

📍 **수도** | 방콕 Bangkok

왓 프라 깨우와 왕궁: 1784년에 지은 왓 프라 깨우('에메랄드 부처님의 사원'이라는 뜻)는 왕궁 안에 있는 태국에서 가장 성스러운 불교 사원이에요.

타이만으로 흘러드는 짜오프라야강(방콕을 가로질러 흐르는 태국에서 가장 긴 강으로 전체 길이는 1,200킬로미터) 동쪽에 자리 잡고 있습니다. 15세기 아유타야 왕국의 작은 무역 도시에서 출발했습니다. 중국 상인들이 모여 살았던 이곳에 1782년 라마 1세가 수도로 삼은 이래로 지금까지 정치·경제·사회 중심지입니다. 방콕의 정식 이름은 '천사의 도시, 위대한 불멸의 도시, 아홉 개의 고귀한 보석을 지닌 웅장한 도시, 왕의 자리, 왕궁의 도시, 성스러운 신들의 집, 인드라의 명령에 따라 비슈바카르만이 세운 도시'라는 뜻을 지닌 168자로 아주 긴 이름입니다. 방콕의 방(Bang)은 '하천의 마을'을 의미하며, '물이 많은 도시의 풍경'을 뜻하는 방코(Bang ko, ko는 섬을 뜻함)에서 비롯되었다고 합니다.

■ 에메랄드 불상: 높이 약 66센티미터의 짙은 녹색 불상은 옥돌 하나로 만들었어요. 태국 왕과 왕자만 이 불상을 만질 수 있대요. 왕은 일 년에 세 번, 곧 여름·겨울·장마철에 불상의 금색 옷을 바꿔 준다고 하는데, 계절마다 행운을 비는 중요한 의식이라고 해요.

■ 담는사두악 수상 시장: 담는사두악의 물길을 따라 펼쳐진 수상 시장이에요. 작은 쪽배에 과일, 채소, 쌀국수와 해산물, 마실 것들을 싣고 파는 사람들과 관광객들로 북적이지요. 쪽배에 화로를 놓고 쌀국수와 해산물 요리를 만들어 주면 수로 가장자리의 낮은 탁자에서 맛볼 수 있다고 해요.

야오와랏 거리: 방콕의 차이나타운(중국인들이 세운 거리)으로 매우 유명한 거리이지요.

왓 아룬: '새벽 사원'이라는 이름으로 널리 알려졌어요. 해가 떠오를 때 햇빛이 이 사원의 뾰족한 탑들 장식한 도자기를 비추어 영롱한 무지갯빛으로 빛나기 때문이라고 해요.

사톤 거리를 중심으로 펼쳐진 풍경: 짜오프라야강의 운하를 따라 양쪽으로 높다란 빌딩에 회사 사무실, 특히 은행을 비롯한 금융 기관들이 있는 방콕의 중심지이지요. 고급스러운 호텔들이 늘어서 있기도 해요. 강을 가로지른 다리는 탁신 국왕의 이름을 딴 탁신 대교이지요.

파키스탄
Pakistan

📍 **수도** | 이슬라마바드 Islamabad

파키스탄 기념탑: 수도의 서부 샤카르파리안 언덕에 세워진 독립 기념탑이에요.
이 탑은 1947년 독립을 위해 희생한 사람들을 추모하고 파키스탄 국민들의 단결을 상징한다고 해요.

인더스강 상류인 펀자브 지방의 북쪽 포토하르고원에 자리 잡고 있습니다. 이곳에 아시아에서 가장 오래된 인류의 주거지임을 보여 주는 선사 시대의 유물이 발견되기도 했습니다. 19세기 중엽부터 약 100년 동안 영국의 지배를 받았던 파키스탄이 1947년에 독립하면서 남쪽 아라비아해와 접해 있는 항구 도시 카라치를 수도로 삼았습니다. 1958년 수도의 위치, 국방 등을 고려하여 수도를 개발하기로 결정한 뒤, 1967년 계획도시로 건설된 이곳으로 수도를 옮겼습니다. 내륙 지역 개발과 인도가 점유하고 있는 카슈미르 지역을 언젠가 되찾겠다는 꿈을 안고 수도를 이곳으로 정했다고 합니다. 도시 이름은 '이슬람의 도시, 평화의 도시'를 뜻합니다.

🏛 샤 파이살 사원 : 1976년 사우디아라비아 왕 파이살의 도움을 받아 짓기 시작해 1986년에 완성되었어요. 사원에는 이슬람 학교, 박물관, 인쇄소 등이 갖춰져 있다고 해요.

🏛 센타우루스 몰 중심으로 펼쳐진 풍경 : 2005년에 짓기 시작해 2011년에 완성된 이 건물(가운데)에 호텔, 쇼핑, 아파트, 사무실이 있는 복합 공간이지요.

마갈라 언덕 산자락에 자리 잡은 샤 알라 디타 마을의 해 지는 풍경

마살라 짜이 : 파키스탄 사람들이 즐겨 마시는 차로, 홍차와 우유, 향신료를 함께 넣어 끓인다고 해요.

필리핀
Philippines

📍 **수도** | 마닐라 Manila

리살 공원의 해넘이 풍경: 1820년 스페인이 지배하던 시기에는 '초승달 또는 반원'이라는 뜻의 '루네타 광장'이었어요. 이후 스페인 왕의 이름을 따 '알폰소 12세 광장'이었지만 1896년 12월 30일, 스페인군에게 처형된 필리핀의 영웅 호세 리살을 기리기 위해 그의 이름을 붙였다고 해요.

바랑가이라는 마을 공동체로 살아 가던 필리핀은 16세기 스페인 탐험가 마젤란의 발견으로 세상에 알려지게 되었습니다. 1571년 스페인 정복자 미겔 로페스 데 레가스피가 이 도시를 수도로 삼았습니다. 마닐라만에 접한 항구 도시인 이 도시는 아시아와 스페인, 아메리카를 연결하는 세계 무역 기지가 되었습니다. 시가지는 파시그강을 끼고 남북으로 펼쳐졌으며 필리핀의 정치·경제·사회·문화 중심지입니다. 도시 이름은 염료로 쓰이는 식물 '인디고(indigo, 닐라)가 발견된 곳'이라는 뜻이며, 실제로 이곳은 인디고 염료를 뽑아내는 일이 중요한 경제 활동이었습니다.

▶ 마닐라 대성당: 16세기 후반에 지은 이후로 화재와 지진 그리고 전쟁으로 여러 차례 다시 세우기를 거듭하다가 1950년대 지금의 모습으로 완성되었어요.

▶ 마닐라에는 2400만 명의 사람들이 살고 있어 좁은 도로에서 자동차를 운전하기가 무척 힘들다고 해요.

▶ 많은 사람들이 즐겨 찾는 차이나타운의 채소 가게들

마닐라의 또 다른 모습이에요.
주로 가난한 사람들이 모여 사는 곳이지요.

비빙카: 쌀가루에 소금에 절인 달걀과 우유를 잘 섞어
반죽한 뒤 바나나 잎 위에 얹어 숯불에 구워요.
코코넛 가루나 치즈를 뿌려 먹는 전통 간식이지요.

마닐라 중심에서 남동쪽에 있는 지역으로 도시 개발 계획에 따라 세워진 보니파시오 글로벌 시티의 밤 풍경이에요.

5.

오세아니아

OCEANIA

호주

뉴질랜드

뉴질랜드
New Zealand

수도 | 웰링턴 Wellington

웰링턴

웰링턴의 낮은 지대에 자리 잡은 사업 지구

뉴질랜드 북섬에서 가장 끝에 자리한 이곳은 전 세계의 수도 가운데 가장 남쪽에 있습니다. 이 도시 중부 동쪽에 해발 1,960미터의 빅토리아산이 솟아 있으며, 유럽 식민지 이전에 원주민인 마오리족의 거주지였습니다. 1840년 마오리족과의 조약에 따라 뉴질랜드는 영국의 식민지가 되었습니다. 프랑스와의 워털루 전쟁에서 승리한 영국의 제1대 웰링턴 공작 아서 웰즐리를 기리는 뜻으로 도시 이름을 그의 작위에서 따와 붙였고, 도시로 선포되었습니다. 1841년 북쪽의 오클랜드가 수도로 선정되었으며, 이후 1865년 이곳이 수도가 되었습니다. 1907년 영국의 자치령을 거쳐 1947년에 독립한 뉴질랜드의 수도 자리를 지켰습니다. 좁은 쿡해협 길목에 자리 잡고 있기 때문에 강한 바람이 많이 불어 '윈디(Windy) 웰링턴'이라는 별명도 있습니다.

🇬🇧 웰링턴 케이블카: 1902년에 설치된 산기슭에 사는 사람들을 위한 교통수단이었지요. 지금의 모습은 2016년에 여러 가지 장치를 새것으로 바꾼 모습이라고 해요. 케이블카를 타고 정상에 오르면 케이블카 박물관, 웰링턴 식물원 그리고 카터 천문대가 있어요.

🇬🇧 국립전쟁기념관: 1915년 4월 25일 제1차 세계대전에 참전한 호주와 뉴질랜드 연합군(줄여서 앤잭Anzac)을 기리기 위한 전쟁 기념관이에요. 1932년 4월 25일(앤잭 데이)에 맞춰 문을 열었지요. 이후 제2차 세계대전, 한국·말레이시아·베트남 전쟁에서 목숨을 바친 뉴질랜드 군인들도 추모하고 있어요.

비하이브: 건물 모양에 빗대어 붙인 이름으로, '벌집'이라는 뜻이에요.
이곳에 총리와 각 부 장관들의 사무실이 있고, 오른쪽 바로 옆 건물은 의사당 본관이에요.

도시를 둘러싼 해안에서 새해맞이 불꽃놀이가 펼쳐지고 있어요..

호주 (오스트레일리아)
Australia

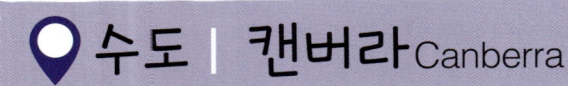
수도 | 캔버라 Canberra

캔버라

계획도시로 설계된 캔버라 사업 중심 지구 풍경

호주의 남동쪽 끝에 브린다벨라산맥 근처인 해발 약 580미터에 자리 잡고 있습니다. 1820년대 초 유럽 사람들이 이곳에 정착하면서 캔버리(Canberry 또는 Canbury)라는 작은 규모로 양을 기르는 사람들이 모여 사는 곳이 되었습니다. 도시 이름은 '만남의 장소'라는 뜻의 오스트레일리아 원주민 언어였지만, 1836년 므렵 현재 이름으로 바뀌었습니다. 1908년 수도로 선정되어 1913년부터 계획도시로 건설되기 시작해 1927년 임시 수도였던 멜버른에서 이곳으로 수도를 옮겼습니다. 주요 도로는 바퀴와 바퀴살 모양으로 뻗어 있으며, 시가지를 남북으로 나누기 위해 1964년 몰롱글로강을 막아 만든 인공 호수가 있습니다. 이 도시를 설계한 미국인 건축가 '벌리 그리핀'의 이름을 따와 벌리 그리핀 호수라고 합니다.

플로리아드 : '꽃으로 꾸미다'라는 뜻이래요. 매년 봄 9월 중순부터 10월 중순까지 열리는 봄 축제이지요.

캔버라의 교통수단인 경전철이에요.

벌리 그리핀 호수 바로 건너편 언덕 주변으로 정부 청사와 국회 의사당(가운데)이 자리 잡고 있어요.

국회 의사당: 멜버른에 있었던 국회 의사당을 캔버라로 옮기기로 결정함에 따라 1981년에 짓기 시작해서 1988년에 완성되었어요.

국립박물관: 벌리 그리핀 호수와 마주한 이곳어 는 호주 원주민의 유물에서 2000년 시드니 올림픽에 이르기까지 호주의 역사와 문화 그리고 사회의 모습이 전시되어 있어요.

6.
북아메리카
NORTH AMERICA

미국

캐나다

미국

멕시코

멕시코
Mexico

수도 | 멕시코시티 Mexico City

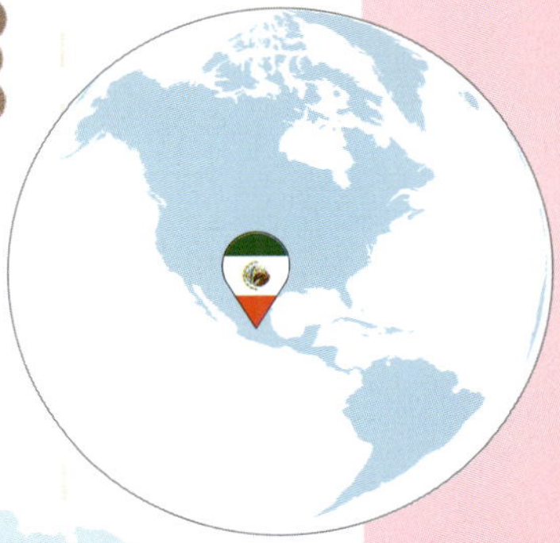

멕시코시티

예술극장을 중심으로 펼쳐진 풍경 : 오른쪽 아래 예술극장은 멕시코 독립 전쟁 시작의 해 100주년을 맞이하는 1910년에 완성하는 것으로 계획하면서 1904년에 짓기 시작했대요. 여러 차례 공사가 중단되다가 1934년에 완성되었지요. 이곳에서 오페라, 연극 공연과 수많은 전시회가 열리지요.

멕시코 중앙 고원의 해발 2,240미터에 자리 잡고 있습니다. 옛날부터 여러 부족이 모여 살았던 이곳을 중심으로 테오티우아칸 문명이 탄생했고 7세기경까지 멕시코를 지배했습니다. 이후 등장한 톨텍 제국에서 노예로 살아가던 아스텍인들이 톨텍이 멸망하자 1325년 이곳에 테노치티틀란(신들이 머무는 곳이라는 뜻)을 세우고 수도로 삼았습니다. 아스텍 제국은 1521년까지 텍스코코 호수 주변과 멕시코 계곡의 여러 도시 국가들을 지배했습니다. 스페인의 정복자 에르난 코르테스는 1521년 테노치티틀란을 포위 공격하여 석 달 만에 무너뜨렸습니다. 이후 스페인 사람들이 폐허가 된 이곳에 도시를 건설하여 수도로 삼았습니다.

멕시코는 300여 년 동안 스페인 통치에서 벗어나 독립을 이루었지만, 미국·프랑스와의 전쟁으로 수도가 점령되는 수난을 겪기도 했습니다.

🇲🇽 산타 프리스카 성당: 탁스코의 은 광산에서 엄청나게 돈을 번 프랑스 사람 조제 데 라 보르다가 1750년대에 지은 성당이에요. 당시 독일에서 가져온 오르간은 지금도 연주되고 있대요.

🇲🇽 소칼로 광장: 원래 '기단'이라는 뜻이지만 지금은 도시의 '중앙 광장'을 뜻한다고 해요. 정식 이름은 '헌법 광장'이지요. 왼쪽은 메트로폴리타나 대성당이에요. 그 오른쪽으로 기다란 건물은 현재 대통령이 머무는 국립궁전으로, 아스텍 제국 시기(1428~1521년)부터 궁전으로 사용했다고 해요.

독립 기념비: 멕시코 독립 전쟁이 일어난 지 100주년을 기념하여 1910년에 세웠어요. '독립의 천사'라고도 하지요.
멕시코는 1821년에 스페인에서 독립했어요. 1957년 지진이 일어나 천사 부분이 떨어져 1958년에 다시 세웠지요.

혁명 기념탑 밤 풍경: 처음에는 국회 의사당으로 짓기 시작하다가 계획을 바꾸어 1938년 혁명 기념탑으로 완성했지요.

 # 미국 (유에스에이 / USA)
United States of America

수도 | 워싱턴 D.C. Washington D.C.

워싱턴 D.C.

워싱턴 기념탑(왼쪽) 주변의 풍경: 미국의 초대 대통령 조지 워싱턴을 기념하는 탑이에요. 1848년에 공사를 시작했지만 1854년부터 1877년까지 남북전쟁 등으로 23년 동안 중단되었다가 1884년에 석조물이 완성되었어요. 1888년 10월에 문을 열었으며, 전망대도 있어 워싱턴 시내를 한눈에 볼 수 있다고 해요.

포토맥강 북쪽 유역에 자리 잡은 컬럼비아 특별구(D.C., District of Columbia)로, 미국의 50개 주 어디에도 속하지 않는 독립된 행정 구역입니다. 원주민 피스캐터웨이 부족이 살던 이곳에 17세기 초 유럽 사람들이 들어와 정착하기 시작했습니다. 1775~1783년 영국의 식민지에서 벗어나기 위해 독립 전쟁을 치른 뒤 1790년 메릴랜드와 버지니아주에서 기증한 이곳을 수도로 정했습니다. 1791년 초대 대통령 조지 워싱턴을 기리기 위해 그의 이름을 붙였고, 프랑스의 피에르 샤를 랑팡이 설계를 맡은 계획도시입니다. 워싱턴 기념탑(약 169.3미터)의 높이 이상으로 건축물을 짓지 못하게 하여 뉴욕과 달리 초고층 건물이 드뭅니다. 백악관, 펜타곤, 연방 의사당 등 미국의 주요 정부 기관이 있습니다.

🇺🇸 국회 의사당: 1793년 미국 초대 대통령 때 짓기 시작해, 점점 규모를 늘려 건물이 완성된 것은 1826년이에요.
1850년대에 더 크게 지으면서 구리로 만든 둥그런 지붕(돔)을 걷어 내고 1866년 돔 꼭대기에 '자유의 여신상'을 올려 지금의 모습으로 완성했대요.

🇺🇸 화이트 하우스: 우리말로는 '백악관'이라고 하지요. 대통령이 사는 곳이자 업무를 보는 공간이에요.
1800년 완성되어 제2대 대통령 존 애덤스가 처음으로 사용했다고 해요.

포토맥강 풍경: 길이 665킬로미터로 미국에서 스물한 번째로 긴 강이라고 해요.

워싱턴 메트로: 1976년 워싱턴 중심과 연결한 도시 철도가 그 시작이지요. 지금은 색상으로 구분하는 빨강, 파랑, 노랑, 주황, 초록의 다섯 노선이 있으며, 보라 노선을 새로 건설하고 있다고 해요.

캐나다
Canada

📍 수도 | 오타와 Ottawa

오타와

팔러먼트 언덕 겨울 풍경: 오타와강의 남쪽 강둑에 있는 왕실 소유 지역이지요.
영국 빅토리아 여왕이 오타와를 수도로 선택하면서 개발이 시작되었어요.
1927년 평화의 탑을 완성하면서 지금의 모습을 갖췄지요. 국회 의사당도 이곳에 있어요.

이 도시는 오타와강 남쪽 유역에 있으며, 오랫동안 초기 원주민인 알곤킨족이 살았습니다. 당시 오타와강은 원주민 언어로 '큰 강' 또는 '거대한 강'을 의미하는 키치시비 또는 키치시피라고 불렸습니다. 17세기 초 이 지역으로 유럽의 선교사와 탐험가, 상인들이 모여들면서 강 북쪽에 마을을 꾸렸습니다. 1826년 영국 군인들이 군사 계획의 하나로 강 북쪽 끝에 리도 운하를 건설하면서 그 계획을 지휘한 존 바이(John By) 대령의 이름에서 따와 이곳을 바이타운(Bytown)이라고 지었습니다. 혼란의 시기를 거쳐 1855년에 알곤킨족의 언어로 '교역'이라는 뜻의 '오타와'에서 비롯된 현재의 이름으로 바뀌었고, 1857년 영국 빅토리아 여왕은 이곳을 캐나다 자치령의 수도로 정했습니다. 1931년 영국 연방에서 독립할 때 캐나다의 수도가 되었습니다. 해마다 열리는 여러 축제 가운데 튤립 축제가 유명합니다.

✤ 튤립 축제 기간의 국회 의사당: 튤립 축제는 5월에 10일 동안 열려요. 국회 의사당 가운데 높이 솟은 탑은 '평화의 탑'이지요. 승강기를 타고 올라가면 오타와 시내를 한눈에 볼 수 있어요.

✤ 국회 의사당 평화의 탑에서 바라본 풍경: 바로 앞 지붕만 보이는 곳은 국회 도서관이에요. 오타와가 있는 곳은 온타리오주, 강 건너는 퀘백주이지요.

푸틴: 프랑스어로 '엉망'이라는 뜻으로, 프랑스 사람들이 처음 만들어 먹었대요. 감자 튀김에 치즈를 얹고 소스를 뿌린 캐나다 대표 음식이지요.

메이플 시럽: 단풍나무(메이플) 줄기에 구멍을 뚫고 수액을 모아 끓여서 졸이면 이 시럽을 얻을 수 있지요.

리도 운하 스케이트장: 길이는 202킬로미터로, 배는 5~10월에 다닌다고 해요. 북아메리카에서 가장 오래된 운하예요.(2007년 유네스코 세계유산에 등록)

7.
남아메리카
SOUTH AMERICA

7. 남아메리카

쿠바
니카라과
콜롬비아
페루
브라질
볼리비아
파라과이
칠레
아르헨티나
우루과이

니카라과
Nicaragua

📍 **수도** | 마나과 Managua

마나과

무인 항공기(드론)로 찍은 도시의 풍경

마나과 호수 남서쪽 연안의 작은 화구호(백두산 천지나 한라산의 백록담 같은 산의 분출구가 막혀 물이 괸 호수)들 사이로 해발 50미터에 자리 잡고 있습니다. 아주 오래전부터 원주민들이 살았던 어촌인 이곳에 1811년 스페인 정복자들이 도시를 세웠습니다. 도시 이름은 '물과 가까이 있다' 또는 '물로 둘러싸인'이라는 뜻에서 비롯되었다고 합니다.

1821년 니카라과는 스페인에서 독립했고, 1838년 독립 국가가 되었습니다. 독립한 뒤로 레온과 그라나다가 번갈아 가며 수도가 되었습니다. 보수주의자와 자유주의자들의 내전과 갈등을 거쳐 1852년 이곳이 공식적인 수도가 되었습니다. 1931년의 대지진과 1936년의 큰 화재로 도시의 많은 부분이 파괴되었으나 새로운 시가지를 중심으로 정부 건물과 대학을 세우는 등 도시 개발에 힘을 쏟았습니다.

■ 마나과 호수의 어부: 니카라과에는 일할 수 있는 사람들 5분의 2가량이
농사를 짓거나 물고기를 잡고 또 산에서 열매나 약초를 캔다고 해요.

■ 산티아고 대성당과 국립문화궁전: 1938년에 완성된 산티아고 대성당(왼쪽)이 1972년 지진으로 크게 손상되었지만 아직까지 복구되지 않았어요.
국립문화궁전은 50년 넘게 국회 의사당으로 사용했지만 지금은 국립박물관으로 사용하고 있지요.

로베르토 우엠베스 시장: 농산물과 공예품을 파는 유명한 시장이에요. 1976년 노동조합운동을 하다가 목숨을 잃은 의과대학생의 이름을 붙였다고 해요.

볼리비아
Bolivia

수도 | 라파스 La Paz

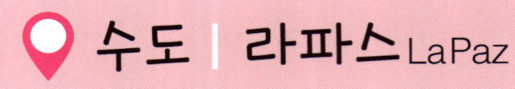

일리마니산 아래로 펼쳐진 도시: 높이 6,438미터인 일리마니산은 볼리비아에서 사하마산 다음으로 높지요.

티티카카 호수에서 남동쪽으로 68킬로미터 떨어진 안데스산맥의 알티플라노고원에 자리하고 있습니다. 평균 해발이 3,600미터에 이르며, 세계에서 가장 높은 곳에 있는 도시입니다. 이곳은 잉카 제국의 주요 무역 길목으로, 추키아고라는 원주민이 살았으나 1548년 에스파냐 정복자 알론소 데 멘도사가 도시를 세웠습니다. 도시 이름은 '누에스트라 세뇨라 데 라파스(평화의 성모)'에서 비롯되었습니다. 1824년 스페인과 벌인 아야쿠초 전투에서 승리를 거두고 독립을 이루었습니다. 이를 기리기 위해 '라파스 데 아야쿠초'라고도 합니다. 1839년 헌법에 지정된 수도 수크레(Sucre)에서 1898년 국회 의사당, 대통령 관저, 정부 청사 등 행정부와 입법부가 이곳으로 옮겨 와 행정 수도가 되었습니다.

🇧🇴 루나 계곡: '달의 계곡'이라는 뜻이에요. 주로 작은 암석 부스러기가 쌓여 이루어진 산이 비와 바람을 맞으면서 뾰족한 탑 모양으로 바뀌었어요. 그 모습이 달에 있는 계곡과 같다고 해서 붙인 이름이라고 하지요. 칠레에도 이름이 같은 곳이 있어요.

🇧🇴 무리요 광장: 이곳에는 대통령 궁전(왼쪽), 국회 의사당(가운데), 스페인과의 독립 전쟁을 지휘하다가 스페인군에 처형된 무리요 장군 동상, 그리고 1692년에 지은 대성당이 오래되어 허물어지자 그 자리에 다시 세운 '누에스트라 세뇨라 데 라파스 대성당'(오른쪽)이 있어요.

툰타: 겨울이 시작될 무렵 작은 감자들을 얼리고 녹이기를 되풀이하여 말린 하얀색 감자이지요. 이 감자를 양파, 당근, 옥수수 등의 채소와 함께 소고기를 넣은 수프가 라파스 전통 음식인 '차이로'이에요.

길거리 시장: 라파스는 도시의 높은 지역과 낮은 지역의 차가 1,000미터예요. 이러한 까닭에 대중교통으로 '미 텔레페리코'('나의 케이블카'라는 뜻)가 있어요. 빨강, 노랑, 녹색, 파랑, 주황, 하얀색, 하늘색, 자주색으로 노선을 구분해요.

브라질
Brazil

수도 | 브라질리아 Brasília

브라질리아

프라자 두스 트리스 포데레스: 국가의 세 권력 기관이 있는 광장이라는 뜻으로 '삼부 광장' 또는 '삼권 광장'이라고 풀이해요. 대통령이 이끄는 행정부, 의회로 대표되는 입법부, 최고재판소로 대표되는 사법부가 있어요.

브라질고원에 자리 잡은 이 도시는 1960년부터 수도가 되었습니다. 1891년 국가 최초의 헌법에 수도는 리우데자네이루(1808~1821년 포르투갈 왕국의 수도에서 브라질 독립 이후 1822~1960년까지의 수도)보다 국가의 중심에 가까운 곳으로 옮겨야 한다고 되어 있습니다. 1956년 주셀리누 쿠비체크 대통령은 헌법에 따라 수도를 옮기기로 했습니다.

날개를 편 거대한 제트기 모양의 '파일럿 플랜(Pilot Plan)'이라는 도시 계획에 따라 41개월 만에 완성된 이 도시는 현대 건축과 어우러진 독창적인 예술 도시로 유명합니다. 20세기에 건설된 도시 가운데 유일하게 1987년 유네스코 세계유산에 등록되었습니다. 나라 이름은 붉은색 염료로 쓰이는 브라질나무가 많이 자라 유럽 선원들과 상인들이 붙인 '브라질의 땅'이라는 이름에서 비롯되었다고 합니다.

🇧🇷 공원 놀이터에서 노는 아이들

🇧🇷 마네 가힌샤 국립경기장: 이름은 브라질 전설의 축구선수 '마누엘 프란시스쿠 두스 산투스(줄여서 '마네')'의 별명 '가힌샤(굴뚝새)'를 붙였어요. 40년 뒤 2014년 브라질에서 월드컵이 열리게 되어 2013년에 늘려 지었다고 해요.

🇧🇷 사라 쿠비체크 공원: 1978년에 문을 열 때는 다른 이름이었지만, 1997년에 주셀리누 쿠비체크 전 대통령 부인의 이름을 따서 붙였어요. 인공 호수, 놀이 공원, 산책길이 있지요.

국회 의사당: 왼쪽 둥근 지붕 모양이 상원, 오른쪽 접시 모양은 하원, 가운데 우뚝 선 쌍둥이 건물은 의회 사무국이에요. 의회 사무국 왼쪽에 대통령 집무실이 일부 보여요.

브라질리아의 메트로폴리탄 대성당: 1970년에 완성된 이 성당은 콘크리트 기둥 열여섯 개를 쌍곡선으로 모아 지은 형태로 독특해요. 그 앞은 예수의 네 제자인 마태오, 마가, 누가, 요한의 청동 조각상이에요.

JK 다리와 파라누아 호수: 다리는 도시 계획을 지원한 전 대통령 주셀리누 쿠비체크의 머리글자를 따서 이름 붙였어요. 활 모양의 60미터 강철 세 개를 대각선으로 엇갈리게 세웠어요. 파라누아 인공 호수는 강이 없는 브라질리아에 특별한 가치가 있지요.

아르헨티나
Argentina / Argentine

수도 | 부에노스아이레스 Buenos Aires

부에노스아이레스

오벨리스크 중심으로 펼쳐진 풍경: 이곳에 도시가 세워진 지 400주년을 맞아 1936년에 세운 탑이지요. 오벨리스크란 고대 이집트 왕조 때 태양 신앙의 상징인 탑이에요. 2005년에 고쳐 지었다고 해요.

남아메리카 동남부 라플라타강 하구의 서쪽 연안에 자리한 항구 도시입니다. 1536년 스페인 정복군이 이곳에 머물면서 도시를 세웠지만 원주민들의 끊임없는 공격으로 5년 만에 모두 뿔뿔이 흩어졌습니다. 1580년 후안 데 가라이가 두 번째로 이곳에 도시를 세웠습니다. '가장 삼위일체의 도시이자 순풍(順風, 부드럽게 부는 바람)의 성모 마리아 항구(Ciudad de la Santísima Trinidad y Puerto de Santa María del Buen Aire)'라는 이름을 붙였고, 17세기에 이르러 지금의 이름으로 줄여 부르게 되었습니다. 1776년 스페인 왕실의 식민지 수도가 되었고, 1810년 이곳에서 일어난 5월 혁명은 당시 스페인 식민지에서 벗어나기 위한 라틴아메리카 독립 운동의 불씨가 되었습니다. 스페인에 독립하면서 1880년 아르헨티나의 수도가 되었습니다. 이곳에 사는 사람들을 '포르테뇨(항구 사람)'라고 합니다.

탱고: 1880년대 라플라타강을 따라 아르헨티나의 부에노스아이레스와 우루과이의 몬테비데오에 사는 가난한 사람들에서 비롯된 춤이라고 해요. 남녀가 음악에 맞춰 시원스러운 동작으로 춤을 추지요. 아르헨티나와 우루과이의 공동 제안으로 2009년 유네스코 무형문화유산에 등록되었어요.

초리판: 소고기와 돼지고기로 만든 소시지를 빵에 넣어 먹는 대표적인 길거리 음식이지요. 부에노스아이레스 택시 기사들이 특히 즐겨 먹는대요.

푸엔테 데 라 무헤르: '여성의 다리'라는 뜻이래요. 남성이 여성의 다리를 받쳐 주는 탱고의 동작을 표현했다고 해요. 배가 지나갈 때면 다리가 빙글 돌아가 길을 터주지요.

일요일마다 열리는 세계 최대의 산 텔모 벼룩시장이에요.

국회 의사당과 광장: 앞에 보이는 건물이 국회 의사당으로 1906년에 완성되었어요. 이후 1974년에 부속 건물을 지었지요.

 # 우루과이
Uruguay

 수도 | 몬테비데오 Montevideo

몬테비데오

에스타디오 센테나리오와 도시 풍경: '100주년 경기장'이라는 뜻이에요.
우루과이 최초 헌법 제정 100주년을 기념하기 위해 1930년에 완성된 이 경기장에서
같은 해 제1회 FIFA(국제축구협회) 월드컵 경기에서 우루과이가 아르헨티나를 꺾고 우승했지요.
FIFA에서는 이 경기장을 역사적 기념물로 지정했대요.

아메리카에서 가장 남쪽에 있는 수도로 라플라타강 연안에 자리 잡고 있습니다. 한반도와 지구 반대편에 있는 도시로 알려졌습니다. 1680년대 포르투갈 정복대가 라플라타강 유역에 식민 도시를 건설한 뒤 몬테비데오만 주변에 요새를 세웠습니다. 이후 스페인 정복대가 1726년 이곳에 식민 도시를 건설했고, 해상 무역으로 점점 중요해지자 1776년 남대서양의 해군 기지로 삼았습니다.

1811년 독립 전쟁으로 스페인이 물러났지만 5년 뒤 포르투갈의 침공으로 포르투갈 식민지 브라질 연방에 합병되었습니다. 1828년 영국의 중재로 독립을 이루었고 1830년에 우루과이의 수도가 되었습니다. 도시 이름은 몬테비데오산에서 따왔습니다.

솔리스 극장: 1856년에 문을 연 이 극장은 우루과이에서 가장 오래되었지요. 1998년 기둥을 포함하여 극장의 주요 부분을 손보기 시작해 2004년에 다시 문을 열었대요.

메트로폴리탄 대성당: 1804년에 완성되었고, 1897년 로마 교황은 이곳을 대성당 지위로 높여 주었다고 해요.

포시토스 밤 풍경으로 몬테비데오에서 가장 유명한 해수욕장이 있는 곳이에요.

몬테비데오 항구 시장에서 고기를 구워 팔고 있어요.

로도 공원: 공원 안에 있는 인공 호수에서 사람들이 보트를 타고 있어요. 우루과이 작가 호세 엔리케 로도를 기리기 위해 붙인 이름이며, 이곳에 그의 기념비가 있지요.

독립 광장: 1811년부터 9년 동안 독립 운동을 벌인 '우루과이 독립의 아버지' 아르티가스 장군의 동상이 있어요. 동상이 바라보고 있는 건물은 살보 궁전으로, 살보 형제가 이 터를 사들여 호텔로 설계했지만 이후에 사무실과 사람들이 사는 집으로 사용되고 있어요.

산 크리스토발 언덕의 케이블카 원래 이름은 '투파후에'였어요.
스페인 정복자가 가톨릭 성인의 이름을 붙인 언덕 높이는 850미터이지요.
탁 트인 산티아고의 풍경을 한눈에 볼 수 있어요.

길이 4,720킬로미터, 폭 175킬로미터인 좁고 기다란 국토에 거의 한가운데 자리 잡고 있습니다. 동쪽으로 안데스산맥과 서쪽으로 해안 기슭인 커다란 그릇 모양의 분지(해발 520미터)는 아주 오랜 옛날부터 유목민들이 잠시 머물렀던 곳입니다. 800년 무렵 마포초강을 따라 원주민 마푸체족이 이곳에 모여 농사를 지으며 살기 시작했습니다. 1541년 스페인의 정복자 페드로 데 발디비아가 이곳에 도시를 건설한 뒤로 18세기 말까지 스페인의 통치를 받았습니다. 칠레는 1810년 이곳에서 독립을 선포한 뒤 1818년에 독립을 이루었고 이곳을 수도로 정했습니다. 이 도시는 우리나라와 마찬가지로 사계절이 뚜렷하며, 이름은 예수님의 열두 제자 가운데 큰야고보(Diego, Jacobo, Jaime) 성인에서 비롯되었다고 합니다.

◆ 팔라시오 데 라 모네다: 모네다는 '화폐'를 뜻해요. 식민지 시대에 화폐를 만드는 곳인 조폐국 건물이지요.
1845년 6월부터 대통령이 머무는 곳으로 사용되었다고 해요. 1930년 궁전 앞에 '헌법 광장'이 마련되었지요.

◆ 안데스산맥 배경의 코스타네라 센터: 쇼핑몰, 호텔, 사무실 건물을 아우르는 사무실과 상가 단지예요. 그 가운데 우뚝 솟은 건물은
높이 300미터에 사무실과 가게들이 모여 있는 지상 64층의 '그란 토레 산티아고('산티아고의 첫 번째 타워'라는 뜻)'로, 남미에서 가장 높아요.

산 크리스토발 언덕의 성모 마리아 상: 1918년 칠레 독립 100주년을 기념하여 프랑스에서 선물한 성모 마리아 상이에요. 높이는 14미터이지요.

원주민인 마푸체족이 아르마스 광장에서 전통 음악을 연주하고 있어요.

쿠란토: '뜨겁게 달군 돌'이란 뜻이래요. 아주 오래전부터 내려온 전통 음식이지요. 1미터 구덩이 바닥에 뜨겁게 달군 돌을 깔고 해산물과 고기, 감자를 비롯한 온갖 채소를 집어 넣어요. 그 위에 커다란 잎들을 덮지요. 이런 식으로 켜켜이 쌓은 다음 젖은 자루로 덮는대요. 요즘의 압력솥에 쪄 먹는 방식이에요.

콜롬비아
Colombia

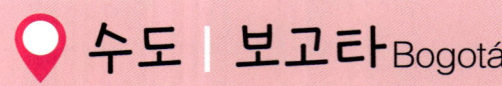
수도 | 보고타 Bogotá

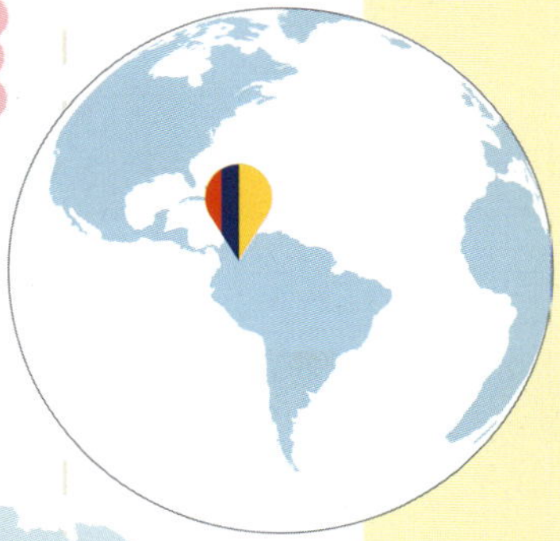

보고타

시내 풍경: 오른쪽 원형 경기장은 산타 마리아 투우장이며 그 뒤로 안데스산맥이 있어요.

안데스산맥의 고원 분지(해발 2,600미터)에 자리 잡고 있습니다. 이곳에는 오래전부터 원주민 무이스카족이 살고 있었습니다. 1538년 스페인 정복자 곤살로 히메네스 데 케사다가 이곳을 점령하면서 도시를 세웠습니다. 1540년 스페인 왕실은 이곳 이름을 산타페('성스러운 믿음'이라는 뜻)라고 지었습니다. 1810년 라틴아메리카의 독립 운동으로 자치 정부를 세웠지만 내부 갈등으로 분열되었고, 1819년에야 다시 이곳을 되찾았습니다.

1991년 헌법에서 콜롬비아 수도로 정하면서 '산타페 데 보고타'라고 이름을 붙였지만, 2000년 지금의 이름으로 바뀌었습니다. 이곳에는 수많은 대학교와 도서관이 있어 '남아메리카의 아테네'로 불립니다. 도시 이름은 원주민 언어로 '농지로 둘러싸인 곳'이라는 뜻의 '보카타'에서 비롯되었습니다.

▌아히아코: 닭고기, 케이퍼(작은 꽃봉오리를 식초에 절인 것), 세 종류의 감자를 넣어 만든 수프예요.

▌자동차로 붐비는 토요일의 보고타 시내

▌볼리바르 광장: 남아메리카 여러 나라의 독립을 이끈 베네수엘라군 지도자 시몬 볼리바르를 기념하기 위한 광장이에요. 원래 콘스티투시온 광장(헌법 광장)이었는데 1846년 볼리바르의 동상(오른쪽 칠레 국기가 계양된 건물 앞)을 세우면서 이름을 바꾸었다고 해요.

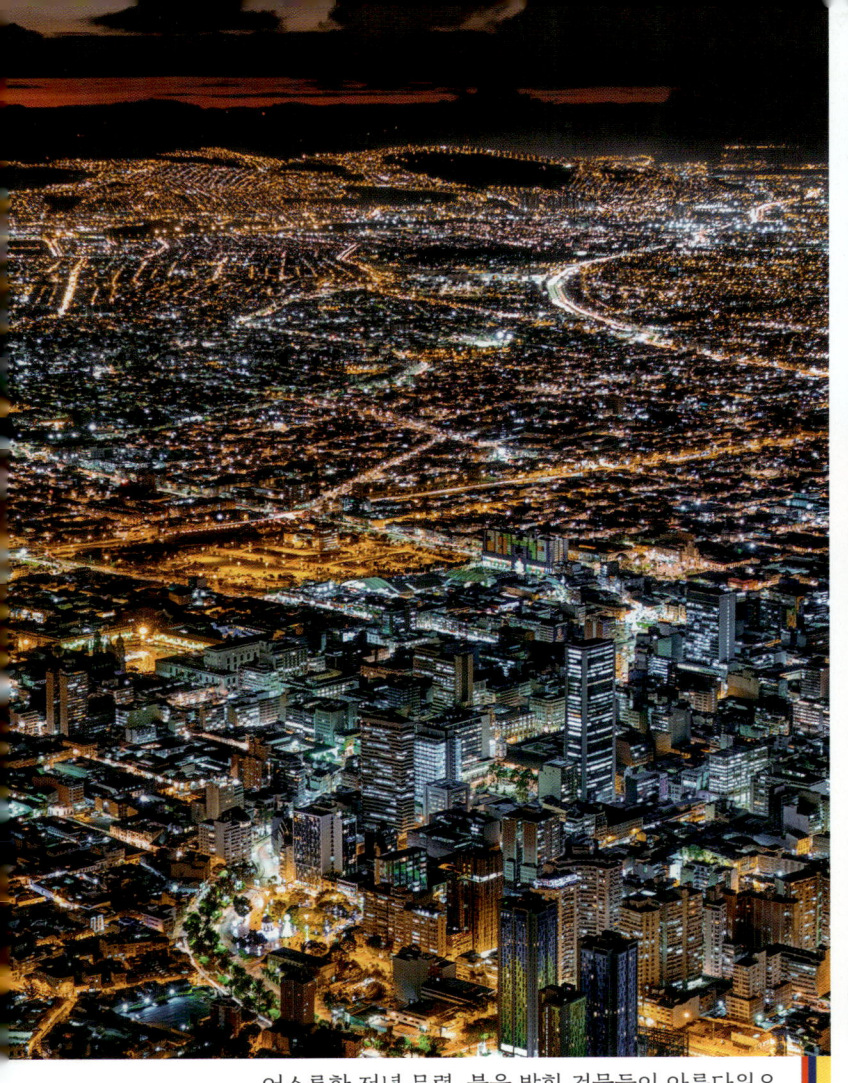

어스름한 저녁 무렵, 불을 밝힌 건물들이 아름다워요.

라 칸델라리아: 오랜 역사를 품고 있는 옛 시가지 골목길이에요. 이곳 주택, 교회 등의 건축물에는 스페인을 비롯하여 다양한 건축 양식이 남아 있지요.

쿠바
Cuba

📍 **수도** | 아바나 Havana

아바나

엘 베다도: 높은 건물이 들어선 이곳은 관광지로 유명한 곳이에요.
호텔과 식당, 박물관, 대사관 등이 자리 잡고 있지요.

플로리다만의 남쪽, 쿠바 해안 북쪽에 자리 잡고 있으며, 아주 오래전부터 원주민 타이노족이 농사를 지으며 살았습니다. 1514년 스페인의 정복자 디에고 벨라스케스가 섬의 남쪽 해안에 머물다가 1519년 이곳으로 옮겼습니다. 벨라스케스는 이곳 이름을 '산 크리스토발 데 라 아바나(수호 성인 크리스토발의 아바나)'라고 지었습니다. 신대륙 곳곳의 물건들을 이곳으로 실어 나르면 스페인 함대는 그 물품들을 스페인으로 가져갔습니다. 이 때문에 프랑스·영국·네덜란드 해적의 공격이 잦아져 곳곳에 요새를 세웠습니다. 1813년 라틴아메리카에서 독립 운동이 일어나자 스페인은 이곳을 자유 무역항으로 정했으며, 라틴아메리카 최초로 철도를 놓기도 했습니다. 1898년 스페인과의 전쟁에서 승리한 미국의 지배를 받다가 1902년에야 비로소 독립을 이루었습니다.

엘 카피톨리오: 1929년에 완성되어 국회 의사당으로 사용했지만, 지금은 쿠바 과학 아카데미 본부와 국립 자연사 박물관이 자리 잡고 있어요.

거리에서 음악을 연주하는 사람들

말레콘에서 바라본 모로 요새: '모로'는 바다에서 잘 보이는 바위를 뜻한다고 해요. 1589년에 아바나 항구를 방어하기 위해 지었지요. 말레콘은 도시를 둘러싼 방파제예요.

산 크리스토발 대성당: 1777년에 지은 성당이에요.
탐험가 크리스토퍼 콜럼버스의 유해가 한때 이곳에 보관되었다고 하지요.

호세 마르티 기마상: 이 사람은 쿠바 독립의 영웅이자 혁명가, 시인이에요.
뒤에 보이는 건물은 대통령 궁이었지만 지금은 혁명 박물관으로 바뀌었지요.

파라과이
Paraguay

수도 | 아순시온 Asunción

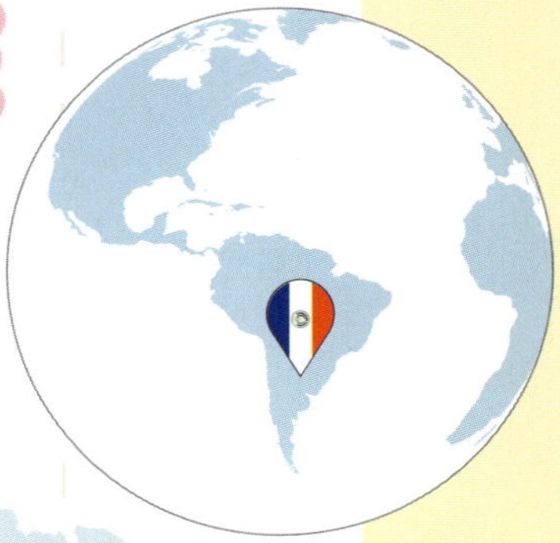

쇼핑 델 솔: 아순시온에서 가장 큰 복합 건물이에요. 솔은 '태양'이라는 뜻이지요.

파라과이강 왼쪽 기슭에 자리 잡고 있으며 아르헨티나와 마주하고 있습니다. 1537년 후안 데 살라사르가 이곳에 요새를 건설한 것이 도시의 시작입니다. 1542년 부에노스아이레스에서 원주민들의 저항을 피해 도망친 스페인 정복대가 이곳에 모여들면서 식민지 건설 기지가 되었습니다. 이후 1810년 5월 혁명으로 마침내 1811년 스페인에서 독립했습니다. 1813년 파라과이 공화국이 선포되었고 이곳이 수도로 지정되었습니다.

도시 이름은 스페인어로 '성모 승천'을 뜻합니다. 정식 도시 이름의 뜻은 '매우 고귀하고 충성스러운 성모 마리아의 도시이신 아순시온'입니다. 시민의 90퍼센트가 르마 가톨릭교를 믿습니다.

로페스 궁전: 이 건축물은 1867년에 지었어요. 지금은 대통령과 정부 공관으로 사용하지요.

국립영웅묘역: 1863년 당시에는 성모 예배당으로 건축하려 했으나 전쟁으로 완성되지 못하다가 1936년 국가 영웅들의 유해를 모시는 곳으로 지정되어 완성되었어요.

거리 시장의 아사도: 아사도는 '구이'라는 뜻이지요.
아르헨티나 원주민들이 즐겨 먹던 요리에서 비롯되었다고 해요.
재료는 같지만 요리 방법이 다양해요.

이 도시의 중앙에 자리 잡은 네 번째 시장이란 뜻으로 '4시장'이에요.
이곳에 한국인 가게도 몇 곳 있지요.

파라과이강이 휘도는 도시 풍경: 브라질고원에서 시작하여 브라질과 볼리비아, 브라질과 파라과이의 국경을 따라 흐르다가 파라과이 국토 가운데를 거쳐 아순시온을 지나 아르헨티나 북부의 파라나강과 합쳐진대요. 그 길이가 약 2,549킬로미터예요.

페루
Peru

수도 | 리마 Lima

태평양을 바라보는 해안 신도시 풍경

태평양에 닿아 있는 중앙 해안 지역에 자리 잡고 있습니다. 1535년 잉카 제국을 정복한 스페인의 프란시스코 피사로는 원주민들이 성스럽게 여기는 리마크(예언자 또는 말하는 자라는 뜻) 계곡에 도시를 세우고 '라 시우다드 데 로스 레예스(왕의 도시)'라고 이름 붙였습니다. 이후 1543년 식민지의 수도가 되었고, 유럽과 아메리카를 연결하는 무역 중심지로 발전했습니다. 1821년 라틴아메리카 독립의 아버지인 마르틴 장군의 요구에 따라 마침내 스페인 통치에서 벗어나 페루 공화국의 수도가 되었습니다. 이곳에는 식민지 시대에 지은 건물이 많이 남아 있으며, 옛 시가지인 중앙 지구(1988~1991년 유네스코 세계유산에 등록)와 해안 신도시로 나뉩니다. 1551년에 설립된 산 마르코스 국립대학교는 아메리카 대륙에서 가장 오래된 대학입니다. 도시 이름은 원주민의 언어인 '리마크'에서 비롯되었습니다.

찾아보기

ㄱ

가라이, 후안 데 Garay, Juan de 303
갠지스강 Ganges River 209
검은 별 광장 Black Star Square 12
겐치리크 공원 Gençlik Park 173
고르키-테렐지 국립공원 Gorkhi-Terelj National Park 202
고리키 공원 Gorky park 63
골드 코스트 Gold Coast 11
골레스탄 궁전 Golestan Palace 161
곰박강 Gombak River 193
구스타브 1세 Gustav I 125
굴뚝빵(트르들로 trdlo) 131
그라나다 Granada 291
그랑 팔레 Grand Palais 121
그랑 플라스 Grand-Place 74
그랜드 바자르 Grand Bazaar 161
그룬트 Grund(Gronn) 70
그리니치 유적지 The historic settlement of Greenwich 95
기욤 2세 Guillaume(Willem) II 71

ㄴ

나슈마르크트 Naschmarkt 99
나지드고원 Najd plateau 139
네즈메 광장 Nejmeh Square 136
노트르담 대성당 Notre-Dame Cathedral 70
노트르담 대성당 Notre-Dame de Paris 122
누에스트라 세뇨라 데 라파스 Nuestra Señora de La Paz 295
뉴턴 푸드 센터 Newton food center 226
니옹강 Nyong River 31
니하운 Nyhavn 54

ㄷ

다마스쿠스 문 Damascus Gate 164
다윗 탑 Tower of David 164
단수이강 Danshui River 245
담 광장 Dam Platz 47
담는사두악 Damnoen Saduak 254
담딘 수흐바타르 Damdin Sukhbaatar 203
더르바르 광장 Durbar Square 179
도나우강 Donau(Danube) 90
도나우슈타트 Donaustadt 98
도쿄 스카이트리 Tokyo Skytree 239
두알라 Douala 31
디리야의 아트 투라이프 구역 At-Turaif District in ad-Dir'iyah 141
디미타르 펫코프 시장 Dimitar Petkov Market 79
디야완나 호수 Diyawanna Lake 221
따만(타만) 미니 인도네시아 인다 Taman Mini Indonesia Indah 234
떠이호 Ho Tay, West Lake 215

ㄹ

라 굴레트 La Goulette 39
라 시우다드 데 로스 레예스 la Ciudad de los Reyes 327
라 칸델라리아 La Candelaria 317
라벤나 Ravenna 101
라시드 가문 Al-Rashid 139
라플라타강 La Plata River 303
란상 왕국 Kingdom of Lan Xang 189
랄바그 요새 Lalbagh Fort 210
랑팡, 피에르 샤를 L'Enfant, Pierre Charles 281
런던 아이 London Eye 95
레가스피, 미겔 로페스 데 Legazpi, Miguel López de 261
레드 사라이 Red Saray 25
레온 León 291
렙티스 마그나 Leptis Magna 24
로도 공원 Parque Rodó 309
로도, 호세 엔리케 Rodó, José Enrique 309
로물루스 Romulus 101
로베르토 우엠베스 시장 Mercados Roberto Huembes 293
로젠그라흐트 Rozengracht 45
로젠보르 성 Rosenborg Slot(Castle) 55
로페스 궁전 Palacio de López 324
루나 계곡 Valle de la Luna 296
루네타 광장 Luneta Square 261
루마니아 아테네움 Romanian Atheneum 66
루브르 박물관 Louvre Museum(Musée du Louvre) 123
리 왕조 Lý Dynasty 213
리도 운하 Rideau Canal(Waterway) 287
리마크 Limaq 327
리막 거리 Calle Rimac 328
리살, 호세 Jose Rizal 261
리우데자네이루 Rio de Janeiro 299
립스카니 거리 Lipscani Street 66

ㅁ

마갈라 언덕 Margalla Hills 259
마네 가힌샤 국립경기장 Estádio Nacional Mané Garrincha 300
마르티, 호세 Martí, José 321
마리나 몰 Marina Mall 148
마사이족 Maasai people 35
마살라 짜이(차이) Masala chai 259
마오리족 Māori People 267
마요르 광장 Plaza Mayor(리마) 328
마요르 광장 Plaza Mayor(마드리드) 86
마포초강 Mapocho River 311
마푸체족 Mapuches 313
마하네 예후다 전통 시장 Mahane Yehuda Market 165
마하우트 Mahout 223
만델라, 넬슨 Mandela, Nelson 19
만사나레스강 Manzanares River 85
말라 왕조 Malla dynasty 177
말레콘 Malecón 320
메드베드니차산 Medvednica Mountain 109
메디나 Medina 41
메세타고원 Meseta Central 85
메콩강 Mekong River 189, 251
메트로폴리타나 대성당 Metropolitana Cathedral 278
메트로폴리탄 대성당 Metropolitan Cathedral 301(브라질리아), 308(몬테비데오)
멘도사, 알론소 데 Mendoza, Alonso de 295
멘텡(은뜽) Ménteng 235
멜리케 하툰 사원 Melike Hatun Mosque 173
모나스(Monas: Monumen Nasional) 234
모로 요새 Morro Castle 320
모이 거리 Moi Avenue 37
모코토프스키 공원 Pole Mokotowskie 119
모하마드 알 아민 사원 Mohammad Al-Amin Mosque(Blue Mosque) 136
몬테라 Montera 329
몬테비데오만 Bay of Montevideo 307
몰롱글로강 Molonglo River 271
몸바사 Mombasa 35
몽마르트 Montmartre 122
무굴 제국 Mughu Empire 209
무리요 광장 Plaza Murillo 296
무스탄시리야 마드라사 Mustansiriya Madrasah 156
무이스카족 Muiscas 315
무함마드 1세 Muhammad I 85
무함마드 가니 히크마트 Mohammed Ghani Hikmat 157
미 텔레페리코 Mi Teleferico 297
밀라드 타워 Milad Tower 159

ㅂ

바그마티강 Bagmati River 178
바랑가이 barangay 261
바르슈 Warsz 117
바위 돔 사원 Dome of the Rock Mosque 163
바이샤 Baixa 113
바이후 알투 Bairro Alto 113
바젤 Basel 81
바타라물라 Battaramulla 222
바티칸 시국 Vatican City State 101
바투 동굴 Batu Caves 194
바하이 사원 Bahai Temple 231
박다시 Bakdash 144
반 고흐 미술관 Van Gogh Museum 47
반 옐라치치 광장 Ban Jelačić Square 111
발디비아, 페드로 데 Valdivia, Pedro de 311
버킹엄 궁전 Buckingham Palace 94
벌리 그리핀 호수 Burley Griffin Lake 272
베르사유 궁전 Palace of Versailles 121
베를레이몽 Berlaymont 75
베이 가든 Gardens By The Bay 226
벨라스케스, 디에고 Velázquez, Diego de Cuéllar 319
벨렝 탑 Belém Tower 114
보니파시오 글로벌 시티 Bonifacio Global City 263
보르다, 조제 데 라 Borda, José de la 278
볼리바르 광장 Plaza de Bolívar 316
볼리바르, 시몬 Bolívar, Simón 316
부다나트(보드나트) Boudhanath 178

태평양을 바라보는 해안 신도시 풍경

태평양에 닿아 있는 중앙 해안 지역에 자리 잡고 있습니다. 1535년 잉카 제국을 정복한 스페인의 프란시스코 피사로는 원주민들이 성스럽게 여기는 리마크(예언자 또는 말하는 자라는 뜻) 계곡에 도시를 세우고 '라 시우다드 데 로스 레예스(왕의 도시)'라고 이름 붙였습니다. 이후 1543년 식민지의 수도가 되었고, 유럽과 아메리카를 연결하는 무역 중심지로 발전했습니다. 1821년 라틴아메리카 독립의 아버지인 마르틴 장군의 요구에 따라 마침내 스페인 통치에서 벗어나 페루 공화국의 수도가 되었습니다. 이곳에는 식민지 시대에 지은 건물이 많이 남아 있으며, 옛 시가지인 중앙 지구(1988~1991년 유네스코 세계유산에 등록)와 해안 신도시로 나뉩니다. 1551년에 설립된 산 마르코스 국립대학교는 아메리카 대륙에서 가장 오래된 대학입니다. 도시 이름은 원주민의 언어인 '리마크'에서 비롯되었습니다.

🚩 역사가 깊은 리막 거리를 산책하는 사람들

🚩 리마의 아르마스 광장: '마요르 광장'이라고도 해요. 스페인 정복자 프란시스코 피사로가 만든 광장이지요.
이 광장을 중심으로 대통령 궁(가운데), 시의회 궁전(왼쪽 노란색 건물), 리마 대성당(오른쪽)이 자리 잡고 있어요.

푸에블로스 호베네스: '젊은이들의 마을'이란 뜻이래요. 1950년대 이곳에 젊은이들이 모여 들면서 이룬 마을이지요.

전통 옷을 입은 학생들: 지역마다 옷과 모자의 특징이 있어요. 폭이 넓은 치마는 '포예라', 커다란 모자는 '몬테라', 어깨에 두른 천은 '이크야'라고 한대요.

찾아보기

ㄱ

가라이, 후안 데 Garay, Juan de 303
갠지스강 Ganges River 209
검은 별 광장 Black Star Square 12
겐치리크 공원 Gençlik Park 173
고르키-테렐지 국립공원 Gorkhi-Terelj National Park 202
고리키 공원 Gorky park 63
골드 코스트 Gold Còast 11
골레스탄 궁전 Golestan Palace 161
곰박강 Gombak River 193
구스타브 1세 Gustav I 125
굴뚝빵(트르들로 trdlo) 131
그라나다 Granada 291
그랑 팔레 Grand Palais 121
그랑 플라스 Grand-Place 74
그랜드 바자르 Grand Bazaar 161
그룬트 Grund(Gronn) 70
그리니치 유적지 The historic settlement of Greenwich 95
기욤 2세 Guillaume(Willem) II 71

ㄴ

나슈마르크트 Naschmarkt 99
나지드고원 Najd plateau 139
네즈메 광장 Nejmeh Square 136
노트르담 대성당 Notre-Dame Cathedral 70
노트르담 대성당 Notre-Dame de Paris 122
누에스트라 세뇨라 데 라파스 Nuestra Señora de La Paz 295
뉴턴 푸드 센터 Newton food center 226
니옹강 Nyong River 31
니하운 Nyhavn 54

ㄷ

다마스쿠스 문 Damascus Gate 164
다윗 탑 Tower of David 164
단수이강 Danshui River 245
담 광장 Dam Platz 47
담느사두악 Damnoen Saduak 254
담딘 수흐바타르 Damdin Sukhbaatar 203
더르바르 광장 Durbar Square 179
도나우강 Donau(Danube) 90
도나우슈타트 Donaustadt 98
도쿄 스카이트리 Tokyo Skytree 239
두알라 Douala 31
디리야의 아트 투라이프 구역 At-Turaif District in ad-Dir'iyah 141
디미타르 펫코프 시장 Dimitar Petkov Market 79
디야완나 호수 Diyawanna Lake 221
따만(타만) 미니 인도네시아 인다 Taman Mini Indonesia Indah 234
떠이호(Ho Tay, West Lake) 215

ㄹ

라 굴레트 La Goulette 39
라 시우다드 데 로스 레예스 la Ciudad de los Reyes 327
라 칸델라리아 La Candelaria 317
라벤나 Ravenna 101
라시드 가문 Al-Rashid 139
라플라타강 La Plata River 303
란상 왕국 Kingdom of Lan Xang 189
랄바그 요새 Lalbagh Fort 210
랑팡, 피에르 샤를 L'Enfant, Pierre Charles 281
런던 아이 London Eye 95
레가스피, 미겔 로페스 데 Legazpi, Miguel López de 261
레드 사라이 Red Saray 25
레온 León 291
렙티스 마그나 Leptis Magna 24
로도 공원 Parque Rodó 309
로도, 호세 엔리케 Rodó, José Enrique 309
로뮬루스 Romulus 101
로베르토 우엠베스 시장 Mercados Roberto Huembes 293
로젠그라흐트 Rozengracht 45
로젠보르 성 Rosenborg Slot(Castle) 55
로페스 궁전 Palacio de López 324
루나 계곡 Valle de la Luna 296
루네타 광장 Luneta Square 261
루마니아 아테네움 Romanian Atheneum 66
루브르 박물관 Louvre Museum(Musée du Louvre) 123
리 왕조 Lý Dynasty 213
리도 운하 Rideau Canal(Waterway) 287
리마크 Limaq 327
리막 거리 Calle Rimac 328
리살, 호세 Jose Rizal 261
리우데자네이루 Rio de Janeiro 299
립스카니 거리 Lipscani Street 66

ㅁ

마갈라 언덕 Margalla Hills 259
마네 가힌샤 국립경기장 Estádio Nacional Mané Garrincha 300
마르티, 호세 Martí, José 321
마리나 몰 Marina Mall 148
마사이족 Maasai people 35
마살라 짜이(차이) Masala chai 259
마오리족 Māori People 267
마요르 광장 Plaza Mayor(리마) 328
마요르 광장 Plaza Mayor(마드리드) 86
마포초강 Mapocho River 311
마푸체족 Mapuches 313
마하네 예후다 전통 시장 Mahane Yehuda Market 165
마하우트 Mahout 223
만델라, 넬슨 Mandela, Nelson 19
만사나레스강 Manzanares River 85
말라 왕조 Malla dynasty 177
말레콘 Malecón 320
메드베드니차산 Medvednica Mountain 109
메디나 Medina 41
메세타고원 Meseta Central 85
메콩강 Mekong River 189, 251
메트로폴리타나 대성당 Metropolitana Cathedral 278
메트로폴리탄 대성당 Metropolitan Cathedral 301(브라질리아), 308(몬테비데오)
멘도사, 알론소 데 Mendoza, Alonso de 295
멘텡(은뜽) Ménténg 235
멜리케 하튠 사원 Melike Hatun Mosque 173
모나스(Monas: Monumen Nasional) 234
모로 요새 Morro Castle 320
모이 거리 Moi Avenue 37
모코토프스키 공원 Pole Mokotowskie 119
모하마드 알 아민 사원 Mohammad Al-Amin Mosque(Blue Mosque) 136
몬테라 Montera 329
몬테비데오만 Bay of Montevideo 307
몰롱글로강 Molonglo River 271
몸바사 Mombasa 35
몽마르트 Montmartre 122
무굴 제국 Mughu Empire 209
무리요 광장 Plaza Murillo 296
무스탄시리야 마드라사 Mustansiriya Madrasah 156
무이스카족 Muiscas 315
무함마드 1세 Muhammad I 85
무함마드 가니 히크마트 Mohammed Ghani Hikmat 157
미 텔레페리코 Mi Teleferico 297
밀라드 타워 Milad Tower 159

ㅂ

바그마티강 Bagmati River 178
바랑가이 barangay 261
바르슈 Warsz 117
바위 돔 사원 Dome of the Rock Mosque 163
바이샤 Baixa 113
바이후 알투 Bairro Alto 113
바젤 Basel 81
바타라물라 Battaramulla 222
바투 동굴 Batu Caves 194
바티칸 시국 Vatican City State 101
바하이 사원 Bahai Temple 231
박다시 Bakdash 144
반 고흐 미술관 Van Gogh Museum 47
반 옐라치치 광장 Ban Jelačić Square 111
발디비아, 페드로 데 Valdivia, Pedro de 311
버킹엄 궁전 Buckingham Palace 94
벌리 그리핀 호수 Burley Griffin Lake 272
베르사유 궁전 Palace of Versailles 121
베를레몽 Berlaymont 75
베이 가든 Gardens By The Bay 226
벨라스케스, 디에고 Velázquez, Diego de Cuéllar 319
벨렘 탑 Belém Tower 114
보니파시오 글로벌 시티 Bonifacio Global City 263
보르다, 조제 데 라 Borda, José de la 278
볼리바르 광장 Plaza de Bolívar 316
볼리바르, 시몬 Bolívar, Simón 316
부다나트(보드나트) Boudhanath 178

부리강가강 Burigangga River 209
북 말레 아톨 North Male Atoll 199
브라반트평원 Brabant Plain 73
브란덴부르크 문 Brandenburg Gate 58
브린다벨라산맥 Brindabella Range 271
블라드 3세 Vlad III 65
블룸폰테인 Bloemfontein 19
블타바강 Vltava River 106
비겔란, 구스타브 Vigeland, Adolf Gustav 50
비빙카 Bibingka 263
비에르비카 Bjørvika 49
비토샤산 Vitosha mountain 77
비하이브 Beehive 269
빅 두리안 Big Durian 233
빅벤(Big Ben, 엘리자베스 타워) 93
빌라노프 궁전 Wilanów Palace 117

ㅅ

사나가강 Sanaga River 31
사라 쿠비체크 공원 Parque Sara Kubitschek 300
사이클-릭샤 Cycle Rickshaw 211
사톤 거리 Sathorn Road 255
사하마산 Nevado Sajama 295
산 크리스토발 대성당 Catedral de San Cristobal 321
산 크리스토발 데 라 아바나 San Cristóbal de la Habana 319
산 크리스토발 언덕 San Cristobal Hill 311
산 텔모 벼룩시장 San Telmo antique fairs 305
산타 마리아 투우장 Santamaria plaza de toros 315
산타 주스타 엘리베이터 Santa Justa Elevator 114
산타 프리스카 성당 Church of Santa Prisca 278
산타페 Santa Fe 315
산탄젤로 성(천사의 성) Castel Sant'Angelo 102
산투스, 마누엘 프란시스쿠 두스 Santos, Manuel Francisco dos Santos 300
산티아고 대성당 Catedral de Santiago 292
산티아고 베르나베우 경기장 Estadio Santiago Bernabéu 85
살라사르, 후안 데 Salazar, Juan de 323
살라자르, 안토니우 드 올리베이라 Salazar, Antonio de Oliveira 115
살보 궁전 Palacio Salvo 309
상 조르즈 성 Castelo de São Jorge 114
생 뱅상의 베른 대성당 Bern Münster Cathedral of St. Vincent 83
생 장 성당 Saint Jean Church 70
생트 샤펠 성당 Sainte-Chapelle 121
샤 알라 디타 Shah Allah Ditta 259
샤 왕조 Shah Dynasty 177
샤 파이살 사원 Shah Faisal Mosque 258
샤를마뉴 Charlemagne 73
샤카르파리안 언덕 Shakarparian Hills 257
샹젤리제 거리 Avenue des Champs-Élysées 122
성 마르틴 대성당 St. Martin's Cathedral 89
성 바실리 성당 Saint Basil(Basilius)'s Cathedral 62
성 베드로 대성당(바티칸 대성당 Basilica Vaticana) 102
성 비투스 대성당 St. Vitus Cathedral 106
성 슈테판 대성당 St. Stephen Chapel 110
성 이슈트반 대성당 Szent István-bazilika 129

성 카를 성당 Karlskirche(St. Charles's Church) 98
세이프 궁전 Seif Palace 169
세체니 다리 Széchenyi Lánchíd 130
세체니 온천 Széchenyi Thermal Bath 130
세체니, 이슈트반 Széchenyi, István 130
세타티랏 왕 King Setthathirath 189
센강 Seine River 121
센타우루스 몰 Centaurus Mall 258
센토사섬 Sentosa Island 227
셀베강 Selbe River 201
셀주크 제국 Seljuk Empire 171
셰이크 자베르 알 아흐마드 문화 센터(JACC: Sheikh Jaber Al-Ahmad Cultural Centre) 168
셰이크 자이드 사원 Sheikh Zayed Mosque 148
셸란섬 Sjælland 53
소칼로 광장 Plaza del Zócalo 278
솔리스 극장 Solis Theatre 308
쇤브룬 궁전 Schloss Schönbrunn(Schönbrunn Palace) 99
쇼핑 델 솔 Shopping del Sol 323
수오멘린나 요새 Fortress of Suomenlinna 126
술탄 하지 하사날 볼키아 Sultan Haji Hassanal Bolkiah 218
숭아이 크봉 다리 Sungai Kebun Bridge 219
쉐다곤 파고다 Shwedagon Pagoda 206
슈테판 대성당 Stephansdom 98
슈프레강 Spree River 57
스칼린스카 거리 Skalinska street 110
스파스카야 탑 Spasskaya Tower 62
승리의 손 Victory Arch(Swords of Qādisīyah) 156
시벨레스 광장 Cibeles plaza 86
시클로 Cyclo 214
시테섬 Île de la Cité 122

ㅇ

아돌프 다리 Adolphe-Brück 69
아레강 Aare River 81
아르덴 백작 지크프리트 Sigfried, Count of the Ardennes 69
아르마스 광장 Plaza de Armas 313, 328
아르티가스, 호세 제르바지우 Artigas, José Gervasio 309
아마게르섬 Amager 53
아미르 Amir(Emir) 147
아바스 왕조의 궁전 Abbās Khalīfa Palace 157
아사도 Asado 325
아산 만질 Ahsan Manzil 211
아스텍 Aztec 277
아야쿠초 전투 Ayacucho Battle 295
아유타야 왕국 Ayutthaya Kingdom 253
아자디 타워 Azadi Tower 161
아케르스후스 성채 Akershus festning(fortress) 50
아타쿨레 Atakule 173
아타튀르크 묘역 Atatürk Mausoleum 172
아히아코 Ajiaco 316
안티 레바논산맥 Anti-Lebanon Mountains 144
알 무스탄시르 Al-Mustansir 155
알 무이즈 거리 Al-Mu'izz Street 29
알 아베드 시계탑 Al-Abed Clock-tower 136
알 아즈하르 사원 Al-Azhar Mosque 27
알 자이투나 사원 Al-Zaytuna Mosque 40

알 카히라 Al-Kahira 27
알 쿠드스 Al-Quds 163
알 하미디야 전통 시장 Al-Hamidiyah Souq 145
알 후세이니 사원 Al-Husseini Mosque 153
알곤킨족 Algonkin people 285
알렉산드르 넵스키 대성당 Alexander Nevsky(Aleksandr Nevski) Cathedral 77
알제트강 Alzette River 69
알티플라노고원 meseta Altiplano 295
알폰소 12세 Alfonso XII 87
암스텔강 Amstel rivier 45
압달리 Abdali 152
압둘 가니 Khwaja Abdul Ghani 211
압둘라 사원 Abdullah Mosque 151
앙카라 성 Ankara Kalesi 172
앙코르 Angkor 249
야무나강 Yamuna River 229
야오와랏 거리 Yaowarat Road 255
양곤 Yangon 205
에미리트 궁전 호텔 Emirates Palace Hotel 149
에스타디오 센테나리오 Estadio Centenario 307
에스토니아 Estonia 125
에스플러네이드 극장 Esplanade Theatres 225
에투알 개선문 Arc de Triomphe de l'Étoile 122
에펠, 귀스타브 Eiffel, Gustave 121
에펠탑 Eiffel Tower 121
엘 레티로 공원 El Retiro Park 87
엘 베다도 El Vedado 319
엘 카피톨리오 El Capitolio 320
엘부르즈산맥 Elburz(Alborz) Mountain range 159
예니셰히르 Yenişehir 171
오마르 알리 사이푸딘 사원 Omar Ali Saifuddien Mosque 217
오베르바움 대교 Oberbaumbrücke 58
오벨리스크 Obelisk 303
오스만 제국 Osman(Ottoman) Empire 171
오타와강 Ottawa(Odawa) River 285
왈라키아 공국 Wallachia(Valachia) Duchy 65
왓 아룬 Wat Arun 255
왓 프놈 Wat Phnom 250
왓 프라 깨우 Wat Phra Kaew 253
우갈리 Ugali 37
우르가 Urga 201
우마이야드 궁전 Umayyad Palace 152
우마이야드 사원 Umayyad Mosque 143
우파타산티 파고다 Uppatasanti Pagoda 206
우펜스키 대성당 Uspenski Cathedral 126
우후루 공원 Uhuru Park 35
울루스 Ulus 171
워싱턴 기념탑 Washington Monument 281
워싱턴, 조지 Washington, George 281
웨스트민스터 궁전 Westminster Palace 93
웰즐리, 아서 Wellesley, Arthur 267
위스마 46 Wisma 46 233
유르트 Yurt(Ger) 201
은하 소호 Galaxy Soho 243
음퐁웨족 Mpongwé people 15

응우옌 왕조 Nguyễn dynasty 213
이드 알 피트르 Eid al-Fitr 157
이맘자데 살레 사원 Imamzadeh Saleh Mosque 160
이반 그레이트 벨 탑 Ivan the Great Bell Tower 61
이븐 사우드 Ibn Saud 139
이즈마일로보 시장 Izmailovo Market 63
이크야 Iliclla 329
인도네시아 중앙은행(BNI: Bank Negara Indonesia) 233
인디아 문 India Gate 230
일리마니산 Illimani Mountain 295
잉카 제국 Inca Empire 295

ㅈ

자그레브 대성당 Zagreb Cathedral 110
자이산 기념비 Zaisan Memorial 203
자카란다 jacaranda 20
자프나 왕국 Kingdom of Jaffna 221
자하 하디드 Zaha Hadid 243
잠코비 광장 Zamkowy Square 118
제임스타운 Jamestown 12
조하르 Jawhar Al-Ustadh 27
주셀리누 쿠비체크 Juscelino Kubitschek(de Oliveira) 299
즈린예바츠 공원 Zrinjevac(Nikola šubič Zrinski) Park 111
지기스문트 3세 Sigismund(Zygmunt) III 118
지우펀 Jiufen 246
짜오프라야강 Chao Phraya River 253
쩐꿕 사원 Trần Quốc Temple(진국사) 215

ㅊ

차이로 Chairo 297
체링겐 공작 베르톨트 5세 Berthold V, Duke of Zähringen 81
초리판 Choripan 304
추키아고 Chuquiago 295
칭기즈칸 기마상 Equestrian statue of Chingiz Khan 202

ㅋ

카라치 Karachi 257
카르타고 제국 Carthaginian Empire 23
카를 다리 Karlův most(Charles Bridge) 106
카슈미르 Kashmir 257
카스바 광장 Kasbah Square 40
카스테야나 거리 Paseo de la Castellana 85
카자르 왕조 Kajar(Qajar) Dynasty 159
카터 천문대 Carter Observatory 268
칸 알 칼릴리 시장 Khan al-Khalili Bazaar 28
칸티푸르 Kāntipur 177
칼 14세 요한 Karl XIV Johan 51
캄팔라 Kampala 35
캄퐁 아예르 Kampong Ayer 218
캔디안 댄스 Kandyandance 223
케사다, 곤살로 히메네스 데 Quesad, Gonzalo Jiménez de 315
켈트족 Celts 121
코르테스, 에르난 Cortés, Hernán 277
코모강 Komo River 16
코스타네라 센터 Costanera Center 312
코자테페 사원 Kocatepe Mosque 171

콘스탄티누스 개선문 Arco di Constantino 102
콘스티투시온(헌법) 광장 Plaza de la Constitución 316
콜럼버스, 크리스토퍼 Columbus, Christopher 321
콜로세움 Colosseum 102
콰메 은크루마 기념 공원 The Kwame Nkrumah Memorial Park 13
쿠란토 Curanto 313
쿠룬 Külün 201
쿠마시 Kumasi 11
쿠웨이트 워터 타워 Kuwait Water Towers 168
쿠웨이트 타워 Kuwait Towers 167
큐 왕립식물원 Kew Gardens 94
크렘린 Kremlin 61
크리스티안 4세 Christian IV 49
크리스티안스보르 궁전 Christiansborg Slot(Palace) 54
크즐라이 윅셀 거리 Kızılay Yüksel Street 173
클랑강 Klang River 193
키치시비 Kichi Sibi(Kichissippi) 285
킹 압둘라지즈 King Abdulaziz 139
킹덤 타워 Kingdom Tower(Jeddah Tower) 140

ㅌ

타비아트 다리 Tabiat Bridge 160
타워 브리지 Tower Bridge 94
타이노족 Taíno 319
탁스코 Taxco 278
탁신 대교 Taksin Bridge 255
탈린 Tallinn 125
탕롱 Thăng Long 213
탱고 Tango 304
테노치티틀란 Tenochtitlan 277
테베레강 Tevere River 101
테오티우아칸 Teotihuacan 277
테주강 Tejo(Tagus) River 114
텍스코코 호수 Lake Texcoco 277
텔아비브 Tel Aviv 163
템스강 Thames River 94
토미슬라브 국왕 King Tomislav 109
톤레사프강 Tonlé Sap River 249
톨텍 Tlotec 277
투르쿠 Turku 125
투와이크산 절벽 Tuwaiq Mountain Escarpment 141
투파후에 Tupahue 311
툭툭 Tuk-tuk 251
툰타 Tunta(뜬따, 추뇨 Chuño) 297
툴강 Tuul River 201
튀일리 공원 Tuileries Garden 123
트라스테베레 Trastevere 103
트램 Tram 51
트레비 분수 Fontana de Trevi 103
트로트로 trotro 13
티그리스강 Tigris River 157
티티카카 호수 Lake Titicaca 295
틴 성모 성당 Kostel Panny Marie Pred Tynem 105

ㅍ

파라나강 Paraná River 325

파슈파티나트 사원 Pashupatinath Temple 178
파시그강 Pasig River 261
파이살 1세 Faisal I of Iraq 155
파탓루앙 사원 Pha That Luang temple 191
파투사이 Patuxai 189
파티마 왕조 Fatima dynasty 27
팔라시오 데 라 모네다 Palácio de la Moneda 312
팔라펠 케이크 Falafel cake 145
팔러먼트 언덕 Parliament Hill 285
팔레스타인 Palestine 163
팔미라 Palmyra 143
펀자브 Punjab 257
페라리 공원 Ferrari World Park 149
페르다나 푸트라 Perdana Putra 195
페트로나스 트윈 타워 Petronas Twin Tower 194
페트루세강 Péitruss River 69
펠리페 3세 Felipe(Philip) III 85
포르테뇨 porteños 303
포시토스 Pocitos 308
포예라 Pollera 329
포토맥강 Potomac River 283
포토하르고원 Pothohar plateau 257
폴 포트 Pol Pot 249
푸에블로스 호베네스 Pueblos jóvenes 329
푸엔테 데 라 무헤르 Puente de la Mujer 304
푸트라 사원 Putra Mosk 195
푸틴 Poutine 287
프라자 두스 트리스 포데레스 Praça dos Três Poderes(Three Powers Plaza) 299
프라하 성 Prazsky Hrad(Praha Castle) 106
프레토리우스, 마르티누스 Pretorius, Marthinus 19
프레토리우스, 안드리스 Pretorius, Andries 19
플로레아스카 호수 Floreasca Lake 67
플로리아드 Floriade 272
피사로, 프란시스코 Pizarro, Francisco 327
피스캐터웨이 부족 Piscataway people 281
피오르 fjord 49

ㅎ

하누만 도카 Hanuman Dhoka 179
하람비 Harambee 36
하비브 부르기바 거리 Avenue Habib Bourguiba 39
하펠강 Havel River 57
헬싱키 대성당 Helsinki Cathedral 126
호시우 광장 Rossio Square(King Pedro IV Square) 114
호앙마이 지구 Hoàng Mai District 213
호치민 Ho Chi Minh 213
후세인 왕 King Hussein 151
후옌 Huyện 213
후쿠루 미스키 Hukuru Miskiy 198

17 라마단 사원 17 Ramadan Mosque 155
4시장 Mercado Quatro 325
JK 다리와 파라노아 호수 Juscelino Kubitschek Bridge/Paranoa Lake 301